数智时代
高校劳动教育课程
建设研究

◎ 王佳杰 著

东华大学出版社

·上海·

图书在版编目（CIP）数据

数智时代高校劳动教育课程建设研究 / 王佳杰著 .
上海：东华大学出版社，2024. — ISBN 978-7-5669
-2386-8

Ⅰ . G40-015

中国国家版本馆 CIP 数据核字第 20243048SB 号

责任编辑：杜燕峰
封面设计：魏依东
装帧设计：上海三联读者服务合作公司

数智时代高校劳动教育课程建设研究

SHUZHI SHIDAI GAOXIAO LAODONG JIAOYU KECHENG JIANSHE YANJIU

出　　版：东华大学出版社（上海市延安西路 1882 号，邮政编码：200051）
本 社 网 址：dhupress.dhu.edu.cn
天猫旗舰店：http://dhdx.tmall.com
营 销 中 心：021-62193056　62373056　62379558
印　　刷：上海龙腾印务有限公司
开　　本：890mm × 1240mm　1/32
印　　张：4.625
字　　数：120 千字
版　　次：2024 年 6 月第 1 版
印　　次：2024 年 6 月第 1 次印刷
书　　号：ISBN 978-7-5669-2386-8
定　　价：48.00 元

前　言

　　随着数字化、智能化技术的飞速发展，高等教育进入了数智时代。

　　高校劳动教育作为高等教育教学改革的重点领域，在数智时代迎来了新的挑战和机遇：如何精准把握劳动教育课程建设的新内涵、新思路、新方法？如何加速推动大数据和人工智能新技术在劳动教育课程中的有效应用？如何实现劳动教育课程内容与学科专业教育、职业生涯教育、创新创业教育等领域的深度融合？如何构建合理的劳动教育课程评价体系？如何实现高校劳动教育课程建设的高质量发展？这些问题亟待高等教育工作者的理论探索和实践应用，这也是本书作者的写作初心。

　　本书中，作者从教育学视角出发，对数智时代的特征及其对高等教育和高校劳动教育课程建设的影响进行了分析，并从理论维度、现状分析、改革方向、实践探索、融合创新、保障机制、评价体系等方面，系统地探讨了数智时代高校劳动教育课程建设的策略与路径，以期为高校劳动教育教学的改革与发展提供有益参考。

希望通过本书的研究和探索，能够激发更多的高等教育工作者对劳动教育课程建设改革创新做深入思考，共同为打造具有时代特色的劳动教育课程体系、培养德智体美劳全面发展的社会主义建设者和接班人而努力。本书不仅可作为高校劳动教育课程教材或参考用书，而且可为相关方向研究提供助益。

王佳杰

上海工程技术大学

目　录

数智时代与高校劳动教育

数智时代是数字化与智能化相融合的时代，是高等教育理念与教育技术同步革新的时代，是人才培养模式内在逻辑和价值取向守正创新的时代。数智时代的高校劳动教育不仅需要保留劳动教育育人初心的基因，更要在目标、内容、方法、评价手段等方面因时因势，推陈出新。实现人才培养目标最重要的核心载体是课程体系建设，数智时代的高校劳动教育课程体系建设怎么建？谁来建？这无疑是当下高等教育工作者重要的研究领域。

第1节
数智时代的到来及对高等教育的影响

　　数智时代的海量数据无时无刻不在产生、收集和存储，我们生活、学习、工作中的行为、偏好、感受等显性、隐性层面要素都可以通过智能手段数据化，这些数据为企业行业的决策和创新提供重要支持。随着人工智能技术冲击教育行业，实施教育者和受教育者在享受便捷教育服务的同时，也为教育领域的创新发展注入了新活力。ChatGPT等生成式人工智能技术的应运而生和不断发展让人们看到，智慧教育的迭代不仅是技术层面的与时俱进，更极大改变了知识的生成、获取、分享、传递的形式，让人们不禁畅想：未来的高等教育是怎样的形式和内涵？究竟还会有哪些更为"叹为观止"的技术革新会给高等教育带来深远影响？

　　未来已来。大数据技术、生成式人工智能技术、知识图谱等新技术奔涌而来，加速驱动了高等教育信息化和数字化转型的浪潮，高校办公信息化平台、线上教学平台、教育治理平台等信息化建设的底层逻辑亟待优化调整，高等教育已进入新一轮改革的深水区。

总体来说，数智时代的到来对高等教育的影响主要体现在以下八个方面：

一、教育教学大数据的收集、挖掘、分析、存储愈发重要

在数智时代，数据成为各类决策的关键驱动力。无论是课堂教学、日常管理还是学生成长成才的方方面面，都需要教育管理者对海量数据进行收集、分析和挖掘。以前收集数据和简单地分析数据是教育工作的常态，现在和未来更需着眼于挖掘数据背后的深刻意义，并系统分析其反映的问题实质。同时，管理的发展对大数据的存储及调用方式、介质等都提出了新的要求。

二、教育教学智能化和自动化的要求进一步提高

数智时代高等教育的显著特点之一是教育教学方式手段要兼具智能化和自动化。随着人工智能、机器学习和深度学习等技术的发展，许多业务流程实现了自动化，但是智能化水平的提升是回应数智时代高等教育改革命题的重要标准。生成式人工智能技术的深化给予教育教学智能化水平新的期待。

三、教育教学互联网与物联网深度融合

数智时代高等教育改革的重要技术基础是互联网与物联网的深度融

合。随着物联网技术的不断发展，高校各类信息设备、传感器和信息终端之间打通屏障，实现互联互通，让教育者和受教育者及时、即时、全面收集和共享知识。深度融合一方面加强了校园信息化建设水平，另一方面加快了教育数字化转型对教育理念和知识共享模式的推动。

四、多学科交叉融合与教育教学共同体创新

在数智时代，高等教育各学科领域的跨界融合与创新发展成为推动人才培养模式改革的重要力量，学科间的边界逐渐模糊，各类技术和想法的交叉、碰撞、融合激发了更多教育教学新内容和新方法。从应用型大学发展来看，新工科建设加速了传统工科面向产业发展的多学科融合，劳动教育作为教育学的学科研究领域，与新工科融合，能催生出许多育人新策略，种种跨界、交叉、融合的成功案例，为教育工作者提供了更开阔的理论视野和丰富的实践选择路径。

五、教育教学评价方式更加多元

在数智时代，面向学生的教育教学评价方式也发生了根本性的变化。通过大数据分析和人工智能技术，可以对学生的学习行为、成绩和表现进行全面、客观、科学的评价，更好地反映学生的实际能力和水平。

六、人才综合素质能力的社会期待和要求发生变化

数智时代改变了人们对高等教育的认知和期望。高等教育需要更

加注重培养学生的综合素质和能力，包括各类符合数智时代要求的非技术能力，以适应未来社会的需要。比如，绿色生态的认知、工程伦理、可持续发展理念、包容性思维、数字素养等，都是当下和未来重要的非技术能力，也是数智时代人才培养方向的根本性要求。

七、实践教育环节根本性改变

数智时代对实践教育教学建设提出了新的要求。一方面，提升了教育教学的互动性、体验性，提高了学生的学习兴趣，如人工智能辅助教学、虚拟实验室等，使得教师可以更加生动形象地展示知识，提高教学效果；另一方面，实践教育教学的质量通过技术手段得到有效保障。

八、教学方式向更加多元且更具针对性的方向发展

随着数智时代的到来，教育领域正越来越重视个性化教学。通过应用大数据和人工智能技术，我们能够深入分析学生的学习习惯和需求，为每一位学生量身定制独特的学习方案。这种个性化教学方式不仅可以大大提高学生的学习兴趣，还能进一步提升他们的学习效果。同时，数智时代的高等教育也加大了对在线协作式教育教学的改革力度。借助于互联网平台，学生们可以方便地进行团队项目合作，协同完成任务。这种协作式教学方式不仅有助于培养学生的团队合作能力，还有助于提高他们的沟通协调能力。

第 2 节
新时代高校劳动教育的内涵和特点

　　劳动教育是实现大学生全面发展的必要途径。在时代发展和科技进步的引领下，作为高等教育研究重要领域的劳动教育理论也在与时俱进中焕发新的光彩，并结合高校人才培养的实际，推动理论与实践教育教学模式的更新迭代。

　　党的十八大以来，习近平总书记多次对劳动教育作出重要论述。党的二十大报告提出要"培养德智体美劳全面发展的社会主义建设者和接班人"。站在落实立德树人根本任务的视角，"德智体美劳"教育从"五育并举"到"五育融合"，充分体现了劳动教育在人才培养中的不可或缺性，也展现了劳动教育在"五育"中调和、互促的重要地位。

　　新时代的高校劳动教育应与国家要求、社会建设和学校发展同频共振，通过数智时代新理念、新技术的赋能，充分发挥其综合育人价值。

一、新时代高校劳动教育的内涵

从传统理论角度来看，高校劳动教育是指通过让大学生参与生产劳动和其他社会劳动实践活动，培养大学生的劳动观念、劳动技能和综合素质的一种教育方式。劳动教育的目的是通过劳动实践和劳动体验，让学生更深入地了解社会生产的基本知识和技能，感悟劳动的辛勤，获得劳动的乐趣，培养勤劳、节俭、协作等品质，推动解决问题能力的提升，促进人的全面发展。然而，随着数智时代观念、技术的不断发展，人工智能和机器人渐渐替代或补足了人类传统劳动工具和方式，在不同的工作场景，生成式人工智能技术更是劳动者减少体力劳动、降低重复脑力劳动的福音。可以预见：未来的社会发展中人工智能等新科技会扮演越来越重要的角色，许多产业行业会发生重大变革，生产一线上人力资源的投入会越来越少。

这些科技产业发展的突飞猛进，也带来了三个新的命题：

1. 数智时代还需不需要劳动教育？

从高等教育规律来看，无论时代如何发展进步，劳动教育仍旧重要，且与科技进步发展并行。其一，通过学习进入社会，开展职业服务是绝大多数大学生群体的发展选择。劳动教育对于培养大学生的价值观和人生观具有重要的积极作用。通过亲身参与劳动，学生能够深入理解工作的价值和意义，从而树立正确的职业观念和劳动观念。这种观念的形成对于他们未来的职业生涯和人生规划具有关键性的影响。

其二，劳动教育能够显著提高学生的实际操作能力和创新意识。在数智时代，这些能力和素养对人才的全面发展十分重要，劳动教育不仅帮助学生尽快适应社会发展，而且有助于提高大学生解决问题的能力。其三，劳动教育还有助于培养学生的责任感和团队合作能力。在劳动活动中，学生需要承担自己的责任，同时还需要与他人合作完成任务。这种经历有助于培养他们的责任感和团队合作能力，对于他们未来的职业生涯和人生发展都非常重要。其四，劳动教育还有助于提高学生的就业竞争力。在数智时代，许多新职业和产业正在不断涌现，急需数字化技能人才。通过参与劳动教育，学生可以掌握新技能，提升数字素养，增强就业竞争力。

2. 高校劳动教育与基础教育阶段劳动教育有哪些不同？

从客观上来讲，高校劳动教育与中小学劳动教育的区别主要在于教学目标、教学内容和教学方式的不同。在教学目标方面，中小学阶段的劳动教育重点在引导学生通过劳动实践来认识和体验劳动的价值和意义，而高校劳动教育则更加注重培养学生的专业劳动技能和职业素养，帮助学生深入理解劳动的内涵和价值。在教学内容方面，中小学劳动教育主要教授学生一些基本的劳动技能和知识，而高校劳动教育则更加注重专业知识和技能的培养。在教学方式上，中小学阶段的劳动教育主要通过学校组织的集体劳动、志愿服务等形式进行，而高校劳动教育则更加注重与职业市场的对接，通过实习、实训、创业等形式，让学生在实际工作中体验和掌握劳动技能。

3. 新时代高校劳动教育有哪些新的内涵？

数智时代，高校劳动教育被赋予了新的内涵。

（1）培养学生的劳动技能和创新能力。通过劳动教育课程设计，使学生掌握现代生产技术和技能，鼓励学生独立思考、发现问题和解决问题，培养他们的创新意识和能力。

（2）培养学生的职业素养和职业道德。随着科技进步发展，工程伦理、职业伦理、可持续发展、劳动法律关系等与大学生的职业素养密切相关，可见，职业素养和职业道德应该成为新时代高校劳动教育的重要内容。通过引导学生参与职业规划和职业实践，使他们了解职业发展的规律和要求，培养他们的职业素养和职业道德。

（3）培养学生的社会责任感。高校劳动教育除了注重学生劳动技能的培养外，还应关注社会责任感和奉献精神的培养。通过劳动教育实践活动的设计与开发，以及开展融合劳动教育的感恩教育、生命教育，使学生了解社会需求和问题，激发他们的社会责任感和奉献精神，懂得感恩回报、友善待人。

（4）培养学生的全球视野和跨文化沟通能力。数智时代引领全球化背景下科技革命的新浪潮，高校劳动教育还应注重培养学生的全球视野和跨文化沟通能力。通过开展劳动实践等领域的国际交流活动，使学生了解不同国家和地区的文化差异和产业特点，提高他们的跨文化交流能力和国际竞争力。

二、新时代高校劳动教育的特点

新时代高校劳动教育更关注学生的多样性发展，更关注通过系统性的课程设计，实现科技化、数字化、功能化。具体来说，数智时代的高校劳动教育具有以下六个方面的特点：

1. 强调理论与实践的紧密结合

高校劳动教育课程建设要紧紧围绕马克思主义劳动观和习近平总书记系列重要论述，同时理论课程还应深入浅出，让大学生充分了解劳动的本质和价值，培养正确的劳动观念和劳动精神。基于理论课程，再通过实践操作，使学生更深入地了解劳动的过程和技巧，提高劳动技能水平，培养大学生对劳动的热爱和尊重。

2. 注重多学科交叉与融合

高校劳动教育涉及多个领域的知识和技能，包括技术、经济、环境、社会等，需要整合相应学科的教育资源，通过多学科交叉与融合的教学方式，全面呈现劳动教育的综合育人效果。

3. 使用前沿科技教育教学手段

数智时代的高校劳动教育通过人工智能和大数据技术，全面引导劳动教育课程体系和授课模式的数字化转型。

4. 注重大学生自我领导力的培育和发展

新时代的高校劳动教育鼓励学生发挥自己的主动性和创造性，鼓励学生之间的合作和交流，让他们在团队中发挥自己的优势和特长，从而培养他们的团队合作精神和领导能力，在自主发展和自我实现的过程中培养出独立思考和解决问题的能力。

5. 注重与体育美育的融合发展

通过体育活动与劳动教育相融合增强身体素质，通过艺术教育与劳动教育相融合呈现劳动之美，以多种途径和方式拓宽"五育融合"的受众群体，让更多学生在参与普适劳动教育活动的同时，接受个性化、定制化劳动教育。

6. 重视评价与反馈机制

新时代的高校劳动教育应制定科学合理的评价标准和方法，以便对学生的学习成果和实践表现进行全面、客观、公正的评价。同时，利用大数据等新技术改良教学反馈机制，能够提高学生的学习积极性和自信心，帮助学生实现全面发展。通过这种方式，教师可以更好地了解学生的学习情况，以便及时调整教学策略，提高教学效果。此外，学生也可以通过反馈机制更好地了解自己的优点和不足之处，从而有针对性地改进自己的学习方法和表现。

还应注意的是，劳动是一种健康的、积极的生活方式，使人酣畅

淋漓的同时也能调节身心、愉悦心情，这有助于学生塑造健康的人格。劳动使人快乐，通过劳动的具体实践，学生可以体验到成功的喜悦和失败的痛苦，通过课程引导和自我体验，学生能学会如何面对困难和挫折，从而增强自身的心理承受能力。劳动习惯的养成可以带来自律、平衡的生活方式，帮助学生提高自我管理能力，塑造健康人格，这对于当代大学生而言，有着重要的现实意义。

数智时代高校劳动教育课程建设的理论维度

步入数智时代，高校劳动教育的课程体系建设发生了结构性变化，支撑课程建设的逻辑架构也有着根本性转变，这不仅要与新时代劳动教育内涵与特点相统一，也要和学生学习环境和学习方式变化相适应。

数智时代的青年人是Z时代的青年人，所谓Z时代是指1995年至2009年出生的一代人，他们是网络时代的"原住民"，受数字信息技术和智能设施设备的影响较大，且容易接受人工智能与大数据技术观念和由新技术带来的教育教学方法的根本性转变。

结合Z时代青年大学生的特点，高校劳动教育课程建设在做根本性调整的同时，更要关注学生的实际需求，因势利导，提高课程建设的精准性。本章将结合四个方面的理论，进一步论述高校劳动教育课程建设如何与人才培养新趋势、Z时代青年新个性、知识传递新方式紧密结合。

隐性知识理论与劳动教育课程建设

一、隐性知识理论与高校人才培养模式新方向

英国物理化学家和哲学家迈克尔·波兰尼在其著作《人的研究》中指出人类的知识分为显性知识和隐性知识两种。其中，隐性知识又被称为非编码知识、缄默知识，通常是指那些不易用语言、文字或数字表达，但对人才培养而言具有极高价值的独特知识。这类知识主要源自个人的经验、感悟和直觉，具有强烈的个性化特点，因此在人才培养过程中隐性知识的获得、传递存在较大的困难。

隐性知识理论一经提出就受到教育学界的关注，学者对隐性知识的研究也逐渐深入，主要聚焦在以下几个问题：什么样的知识属于隐性知识？如何产生隐性知识？在工作场所和学习空间如何传递隐性知识？如何对隐性知识进行有效管理？如何将隐性知识有效转化为显性知识？这一系列的问题随着隐性知识理论研究的不断深入，与各个时

代的教育理念契合共生，推动隐性知识理论的新发展。

在教育学领域，隐性知识包括人才培养过程中需要关注的核心素养以及嵌入职业发展能力的相关非技术能力，如创新思维、大学生领导力、沟通能力等，也包括在专业知识发展层面难以言传的感悟、体验、技巧、经验等。数智时代的高等教育人才培养模式基于人才综合素养内涵的丰富发生了重要变化，隐性知识视域下的数智时代高等教育人才培养模式更关注以下新方向：

1. 数据分析能力及基于大数据驱动的决策能力

在数字技术的加持下，数据的重要性日益显现：一方面，学生需要提升数字素养，其中包括利用数字工具和技术的能力，以及处理、分析、评估和利用数字信息的综合能力。通过学习，我们可以加深对数字信息的理解，并适应数字化社会的社交技能。另一方面，学生需要具备对隐藏在数据背后的事物发展规律和趋势的洞察能力，通过合理地使用数据并借助数据分析技术，提取有价值的信息，并据此作出科学决策。这涉及数据可视化、统计学、机器学习等多个方面的知识和技能，这些也是隐性知识在大数据时代的重要体现。

2. 人机协作能力

在数智时代，人机协作的场景越来越普遍，人与计算机之间的界限也将逐渐模糊，人工智能技术的普及提升了人对计算机的依赖的同时，也考验着人们在计算机使用和日常劳动之间的有效平衡技巧。应

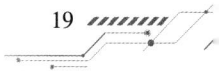

加强与机器的协同工作能力，使人和机器充分发挥各自的优势，从而实现更高效的工作。在教育领域，人机协作可以进一步推动隐性知识的利用和转化。一方面，通过人机协作，教师可以获取学生的学习数据和反馈，从而更好地了解学生的学习情况和需求，进而根据这些信息来调整教学策略，提高教学效果；另一方面，人机协作也可以为学生提供更丰富、多样化的学习资源和情境，促进学生的自主学习和思考。

此外，人机协作还可以为学生提供更精准、个性化的学习辅导和反馈，获得针对自己学习情况和需求的个性化学习方案和辅导，从而提高学习效果和学习质量。为了提升人机协作能力，我们需要对隐性知识进行有效分享和传递。这需要我们掌握多学科知识和技能，包括计算机科学、人工智能、教育心理学等。通过不断学习和实践，我们可以更好地理解和应用隐性知识，从而更好地实现人机协作的目标。

3. 社交网络构建能力

在数智时代这个高度互联的学习生活环境中，大学生需要有效地建立和维护社交网络，利用社交媒体等工具扩大社交网络范围和深度，增强自身的吸引力和影响力。良好的沟通技巧是建立和维护社交网络的基础，这需要大学生具备良好的沟通技巧、人际关系处理能力和自我营销能力等人际交往维度的隐性知识。

学生要知道如何与他人沟通，如何清晰地表达自己的想法和观点，同时又要善于倾听他人的意见和建议，运用沟通技巧进行有效的沟通，从而有利于工作的高效完成，建立起稳固的人际关系，进而扩大自己的社交网络。知道如何解决冲突，懂得如何与同学、老师、企业人员等不同类型的人建立良好的关系，善于处理各种人际关系问题，化解冲突、增进互信等。知道如何利用社交媒体等工具开展人际沟通，了解各种社交媒体的特点和优势，利用社交媒体进行在线推广、品牌建设等。因此，在数智时代，人际互动的隐性知识显得越来越重要，在实际的工作中，人际关系处理很微妙，需要大量的隐性经验基础，这也对学生的社交网络构建能力提出了更高的要求。

4. 社会责任感和生态文明意识

在数智时代，大学生作为未来的社会建设者和接班人，结合德智体美劳全面发展的内在要求，应该具备强烈的社会责任感和生态文明意识。随着科技的发展和人类活动的加剧，生态环境面临着新的压力和挑战。在新时代不断发展的社会趋势的影响下，大学生应该认识到保护生态环境的重要性，不仅需要关注生态环境问题，还要不断加强对生态文明知识的补充，树立正确的生态环保观，提升生态文明的自我修养，有意增强自身的生态环保意识。

坚持理论学习和实践活动相结合也是重要的一方面。将生态环境保护意识贯彻到生态文明建设的实践活动中去，需要充分考虑生态环境的保护和可持续发展的关系，积极探索新的发展模式和思路，以理论指导实践，通过学习环保知识、参与环保活动、宣传环保理念等方式，为保护生态环境贡献自己的力量。学生可以在主动参与生态实践

活动中进一步认识到经济发展与生态环境保护的关系是相辅相成的，不能以牺牲环境为代价来换取短期的经济利益，从而提升社会理性思考和可持续发展思维。在数智时代，科技的发展日新月异，学生还需要具备创新能力和创新精神，大学生需要不断学习和掌握新的知识和技能，并将其应用到实际生活中。他们可以通过参与科技创新、创业实践等方式，提高自身的创新能力和创新精神，为推动社会进步和促进生态环境保护做出贡献。

5. 自我领导力与经验复用能力

自我领导力和经验复用能力是数智时代大学生需要掌握的重要的隐性知识，通过培养和提高这些能力，大学生可以更好地适应数智时代的发展和变化，为未来的职业发展和成功打下坚实的基础。

（1）自我领导强调的是自我影响的过程

学生通过激励个人采取自我认知、目标设定、时间管理、自我激励等多种策略或技能影响自己，激发自我领导潜力，从而提升自身的综合素质，提高自我价值感和成就感。在数智时代，信息的获取渠道越来越便捷，知识的更新速度越来越快，大学生更需要具备自我领导力，自主地制定个人成长计划，明确自己的目标和优先级，合理安排时间，并激励自己不断前进，以适应数智时代的发展和变化。

（2）经验复用能力训练自身综合素质

指大学生在面对类似的问题或挑战时，能够从过去的经验中学习，并将这些经验应用到当前的情况中，从而更快地适应新环境和新任务，提高工作效率，避免重复犯错，可以更快地掌握新知识和新技能，提高自身的综合素质和能力。面对数智时代多元化与复杂化带来的挑战，要充分发挥显性课程与隐性课程在学生自我领导力和经验复用能力提升方面的作用，在课程内容上注重培养大学生的自我领导能力和经验复用能力，促进学生全面成长。因此，课程建设上应增加培养观察和分析能力、创新思维和创新能力、沟通协作能力等方面的内容。

二、隐性知识理论与劳动教育课程建设新方法

基于隐性知识理论的高校劳动教育课程建设新方法可以聚焦在以下四个方面：

1. 强化隐性知识的传授，突出劳动教育的实践导向

一般来说，劳动教育课程以实践为主体，这与隐性知识理论强调的知识的获取来源于实践是相统一的。但实际上，劳动教育实践课程模式单一、设计不充分等问题影响了隐性知识的分享传递效能，可以通过观察、模仿和有效体验等方式强化对非技术能力和隐性知识的获取。这就需要课程建设中加强专题性、针对性的实践门类，提升课程的前置性顶层设计科学性。

2. 融合情感教育和仪式教育

隐性知识理论认为，情感教育对学生的学习和发展具有重要影响。高校情感教育主要以体验与直觉为途径，经历外显和内隐两个过程，

从而实现情感共享、情感内化。劳动教育融合情感教育,可以多角度引导学生的情感发展,培养情感智能,帮助学生更好地理解和管理自己的情绪,提高自我认知和自我领导力。

同时,情感教育也能帮助学生建立良好的人际关系,增强社会适应能力,提升学生的个人幸福感。仪式教育是通过特定的仪式和活动,培养学生的道德观念、文化素养和社会责任感的一种教育方式。劳动教育融合仪式教育可以帮助学生了解和感悟劳动文化、劳动历史和社会价值观念,增强学生的劳动自豪感,促进学生的社会参与和责任意识。因此,在课程设计中,要充分利用情感教育和仪式教育的优势特点,通过将劳动教育与情感教育和仪式教育相互渗透融合,提升教育的隐性知识传递效果,强化学生的人格塑造。

3. 课程设计应融入反思和总结环节

在课程设计中融入反思和总结环节,既是促进学生隐性知识转化为显性知识的重要途径,也是提升劳动教育效果的重要手段。反思环节主要考查学生自我评估在劳动过程中的表现,一般采取个人反思、小组讨论和教师指导等形式开展。学生参与课程反思环节进行深入的自我评估和思考,可以思考劳动的意义和价值,认识到劳动对于个人和社会的重要性,从而树立正确的劳动观念和价值观。总结环节是促进劳动教育持续发展的必要环节,主要指回顾和总结劳动教育的实施过程,一般采取成果展示、评估报告、课程反馈等形式开展。通过总结,教育者可以发现其中的优点和不足,为今后的劳动教育提供经验和教训。在课程设计中融入反思和总结环节，还可以帮助学生将隐性知识转化为显性知识，提升他们的经验复用能力，同时也可以提高劳动教育课程建设的质量。

4. 实施融合专业发展的情境教学和个性化教学

隐性知识理论认为，知识的获取和运用与情境密切相关，且每个学生都有自己独特的学习方式和节奏。因此，在劳动教育教学设计中要强调应用性场景，注重实际和真实性，帮助学生建立学习的联结，一方面可以促进隐性知识的习得，另一方面可以帮助学生在专业教育的劳动实际操作中更好地掌握专业技能和知识。具体而言，可以采用通过模拟、再现等方式让学生身临其境地感受和理解知识的教学方法，侧重以实际生活的场景为线索设计教学内容，帮助学生在专业教育的劳动实际操作中更好地掌握专业技能和知识。此外，劳动教育还应该融合专业发展的个性化教学，通过对学生进行个性化评估、制定个性化学习计划等方式，让学生主动参与情境的互动，更好地满足学生的兴趣和需求，达到最佳的学习效果并适应社会的变化，从而提高学生自我调控和自我效能感等能力，并促进教学质量和效果的提高。

多元智能理论与劳动教育课程建设

    多元智能理论是一种具有重要影响力的教育学和心理学理论，由美国教育学家和心理学家加德纳博士提出。加德纳博士通过大量的研究和观察发现，人类的智能是多种多样的，而不仅仅局限于传统的智商测试所涵盖的范畴，同时他认为每个人身上至少存在八项智能，包括言语语言智能、数理逻辑智能、音乐韵律智能、视觉空间智能、身体运动智能、人际交往智能、自我认识智能和自然观察智能。每一种智能都有其独特的发展规律和表现方式，且这些智能在每个人身上的组合和表现形式都是独特的，因此每个人都是独一无二的。

    多元智能理论强调了人类智能的多样性和独立性，着力挖掘人的潜在智能，既重视个体差异性，又强调人的全面发展，为教育提供了新的视角和指导，鼓励教育者关注学生的多元智能发展，要求教育工作者用多元的方式对待每一位学生，并根据每个学生的特点和兴趣制定个性化的教育方案，以促进他们的全面发展。对于教育工作者来说，了解学生的智能类型和特点，可以帮助他们拓展培养思路，更好地因材施教，激发学生的学习潜能；对于学生个人职业发展来说，了解自己的智能类型和优势可以帮助个人更好地选择适合自己的职业和发展方向，能够利用自身的智能优势，实现自我职业发展需求。

随着课程教育教学模式的不断发展，多元智能理论在高校劳动教育课程建设中发挥着越来越重要的作用，并为数智时代的高校劳动教育提供了新的视角和思路。

对标八项智能的要素和特点，高校劳动教育课程建设可做以下方面的尝试：

1. 言语语言智能

言语语言智能是指大学生有效运用口头语言及文字的能力，表现为能够用口头或书面语言高效描述事件、表达思想并与人交流。在劳动教育课程设计中，可以通过演讲、辩论、小组讨论、写作记录等形式，提高学生在劳动体验和实践过程中与达成教学要求后的表达分享能力。数智时代的劳动教育还应关注与人工智能等新技术的人机协同表达使用和反馈回应，通过劳动教育课程的数字化转型，实现从言语语言智能的多维度拓展，从中提升劳动技能和劳动认知的感受力，解决从"做"到"说""写"的有效转变。

2. 数理逻辑智能

数理逻辑智能是指运用数学和逻辑推理的能力，包括计算、分析、归纳和演绎推理。数智时代，一方面可以通过对劳动教育课程教学系统的升级，融合机器学习、生成式人工智能和大数据技术，为学生提供更加智能化和个性化的学习体验。另一方面，通过劳动教育的实践成果分析、专业建设融合劳动教育的创新活动开展等形式，进一步提升大学生的数理逻辑智能。

3. 音乐韵律智能

音乐韵律智能是指个体对音乐节奏、旋律、音色的感知和表达能力，发展这种智能主要通过艺术教育的途径。面向"五育融合"的高校立德树人工作，可以将艺术教育与劳动教育充分融合，既可以在艺术教育环节中融入劳动之美的感官体验教学，又可以在劳动实践中融合美育要素，还可以加强劳动教育过程愉悦身心的伴随式课堂教学，让学生在愉快的韵律氛围中完成劳动教育的学习任务。比如劳动号子的知识与劳动观念的融合，再如农耕文化融合劳动教育过程中与传统音乐、原生态劳动音乐的结合等。

4. 视觉空间智能

视觉空间智能是指人们能够通过视觉感知周围环境中的信息，并将这些信息转化为具有空间特性的图像和概念，从而有效理解和解决各种问题。

（1）在工科院校的工程技术和工程设计领域中，注重培养视觉空间智能可以加强劳动教育与专业教育的融合，提高学生的综合素质和专业能力。

（2）在劳动教育课程设计中，教师可以通过视觉空间智能来展示抽象的概念和原理，这有助于学生更深入地理解和掌握劳动技能知识，同时劳动教育对培养学生的视觉空间智能也具有积极的影响，两者存在相互补充、促进的关系。

（3）在劳动实践课程中，学生参与劳动实践项目需具备一定的视觉空间智能，能够对实践物体进行观察、理解和操作。以机械维修为例，学生只有具备一定的感知能力、手眼协调能力才能够更快地找到故障点进行问题修复，视觉空间智能可以更好地帮助学生提高劳动技能。学生在参加劳动实践时，通过实际操作，也能促进视觉空间智能的开发与提升。此外，劳动实践还要求学生具备团队协作和创新思维等能力，这些能力也能够促进视觉空间智能的发展。

5. 身体运动智能

身体运动智能是指通过身体活动来表达思想、感情和解决问题的能力。在高校劳动教育中，身体运动智能具有重要的作用。身体运动智能与劳动教育的融合重在通过体育活动培养学生的劳动体能、劳动技能与劳动意识，并通过劳动教育锻炼学生意志、增强学生身体素质、促进劳动习惯的养成。

高校劳动教育课程建设应抓好两个方面的融合：

（1）在体育教学活动中融入劳动教育的知识、技能、价值观等内容，比如在体育课程设计中开设劳动教育理论章节，进一步帮助学生理解劳动教育与身体运动智能的关系。

（2）在劳动教育课程中注重实践环节的设计，通过科学合理、安全适度的体力劳动，增强学生的身体素质，进一步提升学生的身体运动技能。此外，身体运动智能的培养还可以促进学生的情感发展和社会适应能力。学生通过身体活动的表达，可以更好地理解自己的情感和需求，同时也能更好地理解他人，进一步提高自我认知和自我管理能力。

6. 人际交往智能

人际交往智能是指人们在社交场合中，运用语言、情感、态度、观点等手段进行沟通、交往的能力。大多数的劳动实践需要集体参与、协作完成，因此，高校劳动教育为大学生提供了一个实践人际交往智能的平台。学生在参加劳动实践时，可以学习到如何与他人合作、如何解决冲突、如何进行有效沟通等实用的技能。通过丰富的劳动课程，充分发挥学生的主观能动性，使学习体验更直观，学生对人际交往的内容、技巧会更有获得感。

7. 自我认知智能

自我认知智能是个体对自我认知的能力，包括了解自我、自我评价、自我反思以及自我调节。自我认知智能对学生的个人成长和未来的职业发展具有深远影响。

（1）能够帮助学生明晰职业发展的方向和目标。在劳动教育课程中，学生通过完成指向性或开放性任务，可以更好地了解自己，发现自己的潜力和不足之处，并加以改进和发展自己的兴趣，对自己的发展目标进行合理规划，从而更好地适应未来的职业和生活需求，实现个人价值和社会价值的双重提升。

（2）能够帮助学生提升自我认知。自我认知智能还可以帮助学生正视自身优势，增强自我价值认同感，以正确的自我评价为基础，更好地管理自己的情绪和行为，提高自我调节能力，实现个人价值的最大化。

8. 自然观察智能

自然观察智能是指人在与自然环境交互过程中所表现出的观察、认知、理解和适应的能力。这种智能形式强调对自然环境的感知和理解，以及在自然环境中进行实践活动的能力。在高校劳动教育课程建设中，应当结合生态文明建设目标和双碳目标，加大劳动教育与绿色低碳理念的融合，进一步丰富劳动教育教学内容，可以通过节能节水、资源循环利用等热点知识的讲解和具体劳动实践，提高学生的环保意识和社会责任感。在劳动教育实践环节，高校可以充分挖掘学校的生态文明特色，将节能减排、生态教育等融合在校园生态建设中，坚持因地制宜，探索生态劳动内容，注重引导学生通过发现问题、思考策略、设计制作、试验探究等方式获得丰富的劳动体验，习得劳动知识与技能，感悟和体认生态劳动价值观。

第 3 节
智慧教育理论与劳动教育课程建设

智慧教育不仅是一种技术领域的革新手段，也是数智时代教育理论的发展方向。作为一种与技术变革相生相伴的前沿教育模式，智慧教育理念以人机协作为技术基础，通过信息化平台的构建、教育网络的有效覆盖，实现教育数字化转型，促进学习者的全面发展。

一、智慧教育理念

智慧教育理念包括三个关键部分：智慧环境、智慧教学方法和智慧评估。

1. 智慧环境

智慧环境是实现智慧教育的基础，人、物、环境的无缝连接和信息技术的自然交互是核心要素。通过将信息化、数字化、人工智能技术融入教育的方方面面，构建智能化的学习环境，使学习体验更加流畅、丰富。

2. 智慧教学方法

智慧教学方法是实现智慧教育的保障，一方面借助智能化的教学设备和辅助工具，满足学生的个性化需求；另一方面推动对传统教育方法手段的智能化改造，由此提升教育的公平性和普适性，为课堂教学和实践环节提供更有效的支持。

3. 智慧评估

智慧评估是智慧教育的实践反思，要以新技术引导下的评估模式改革智能化分析学生的课程学习表现，从而为每个学生提供个性化的反馈和发展建议。

二、智慧教育理论

数智时代的智慧教育理论还要关注三方面的发展趋势：

1. 智慧教育教师队伍建设

技术的更新迭代需要教师队伍来实现和进一步推动，高校应关注教师群体数字素养和人工智能应用能力的常态化提升策略，以确保教师能够适应新的智慧环境。

2. 加强数据管理

数智时代的数据使用已成常态，如何在利用大数据进行教育教学改革的同时，加强对数据安全和隐私的保护，需要高校管理者高度重视。

3. 人机协同深度学习课程方法论的进一步开发

随着大数据和人工智能技术的进一步发展，可以预见在不远的将来，每个学生都将获得深度个性化的学习体验，人机协同深度学习课程如何设计和实施，不仅要教育工作者自己清晰明了，也要借助外部力量，如企业和技术公司等，通过产教深度融合，共同推动人机协同深度学习课程方法论的发展和应用。

三、智慧教育理论与高校劳动教育课程建设的重要联系

1. 形态融合创新

数智时代的到来及人工智能技术的广泛应用，使得传统的劳动形态正在发生深刻变化，高校劳动教育课程的内涵和逻辑也在调整，劳动教育课程需要融合智慧教育理论进行形态和形式上的创新，以适应新的人才培养和劳动需求。

2. 实践融合创新

智慧教育也改变了高校教育教学技术和教学环境，劳动教育课程

实践环节尤为重要，融合智慧教育理论的劳动教育课程就需要教育工作者不仅安排学生参与劳动活动，更要体现智慧化劳动的元素。比如深入工厂开展劳动实践，就可以深入了解并深度参与智慧工厂生产线和高科技生产装备，在劳动的同时开阔眼界，提升对智能化生产方式的认知，为今后步入数智时代的职业技能提前做好储备。再比如，去农村田间开展务农形式的劳动实践教育，就需要深刻掌握信息化、人工智能化农业建设的最新成果，在田间地头开展课程教育时，融合我国农业发展的新要求。

四、智慧教育环境下劳动教育课程的开展

1. 在线教育平台与平台课程的开发

在线教育平台通过集成教学内容、教学工具和学习管理系统，为学生提供在线学习资源和教学服务的虚拟学习平台，以便捷、灵活和个性化的特点，为学生提供了更为灵活和多样的学习选择。学生可以根据自己的需求和兴趣，在任何时间、任何地点，通过电脑、平板或手机等设备，自主选择不同的课程和学习资源进行学习。人人皆学、处处能学、时时可学的在线学习平台为学习者打破时空限制，提供了全新的教育方式，在线学习平台可以进一步激发大学生的学习热情和学习主动性，提升学习效果。当然，在线平台建设的成效不仅在于使用体验，更在于有足够的、保质保量的课程资源，需要通过不断改进和优化，使课程能够满足学生的学习需求，这对课程建设的规范性、

多元性、精准性提出了新的要求。

2. 智能教学系统的开发和使用

智能教学系统可以通过人工智能和大数据技术，深度分析学生的学习情况，及时反馈教师教学效果，帮助教师更好地理解学生的学习需求和困难，从而协助教师探索教学模式，制定更具针对性的教学方案和策略，实现教学意义上的因材施教。而对于学生来讲，智能教学系统能实时跟踪学生的学习动态，根据学生掌握的知识情况和教学进度，为学生提供个性化的学习建议和学习资源推荐。依托智能教学系统，既可以提高教师备课工作效率、提升课堂授课效果，同时有助于学生更好地掌握知识和技能、提高学习效果和学习成绩。在一些高校的实践中，智能教学系统已经深度参与到课程开发、课堂教学效果监测、课程评估检验等环节，为教师跟踪学生学习轨迹提供依据，为教育工作者提供了极大的便利。

3. 实践教学环境和平台开发与建设

智慧教育理念下，课程建设者可系统开展仿真的实践教学环境和平台开发与建设，借助虚拟现实和增强现实等技术，让学生在模拟的真实情境中学习和实践。一方面降低了实践教学的物理空间开发和应用成本，另一方面使得劳动教育等以实践环节为主的课程体系的趣味性、互动性进一步提高，且符合Z时代青年课堂学习的习惯，增强了学生的学习兴趣和动力。

4. 教育管理平台的智能化开发与应用

　　劳动教育等课程的体系设计与开发并不只是课程教师的职责，还需要校园管理工作者的共同参与。智慧教育理论引导下的校园教育管理也在发生根本性变化，通过数字化转型与流程优化，传统的教学管理等工作更为高效且质量可控。智能化教育管理平台还可以实现学生教学档案管理、劳动教育教师资源管理、劳动实践教学计划制定等功能。这些功能都是校园教育管理工作的重要组成部分，对于提高学校的管理水平和治理能力具有重要的作用。通过智能化教育管理平台的应用，可以实现信息的共享和数据的互通，提高管理效率和教学质量，为学校的发展提供有力的支持。

第4节
知识图谱理论与劳动教育课程建设

随着科技的不断进步，人类对知识的认知和深度挖掘、获取的渴望愈发强烈，传统的知识管理效能有待进一步提升，知识图谱技术应运而生，且随着人工智能技术的发展使其蕴藏的能量越来越受到重视。

一、知识图谱理论

知识图谱是一种以图形化的方式呈现知识的工具，它能够将复杂的知识及其发展脉络进行解构，并通过可视化技术描述知识资源、载体及知识间的密切联系。知识图谱理论和技术的深度发展受益于数智时代新技术的发展，CiteSpace等软件的应用也帮助不同领域的知识实现了可看、可读、可分析，帮助人们更好地理解和应用知识，以提高工作学习的效率，为高质量决策做贡献。

知识图谱在高等教育领域应用广泛，既可以作为课程建设及教学过程的辅助，也能够对教育研究等科研工作提供支持。

1. 呈现方式

知识图谱通过将知识点以图形化的方式呈现，清晰地展示知识间的联系和层次结构，帮助学生形成完整的知识体系。

2. 提高效率

知识图谱还可以用于提供个性化的学习方案，推荐符合学生特点和教育教学目标的学习资源，通过内在逻辑的知识次序呈现，让学生循序渐进地开展新知识体系的学习，以提高学习效果。此外，教育工作者还可以通过知识图谱的呈现，清晰了解知识体系和研究领域的过往研究特点，识别未来研究趋势，有助于在现有教育教学的研究基础上提出创新性的解决方案。

高校劳动教育常常被诟病体系松散、内容随意、方法陈旧，原因之一就是劳动教育课程设计者常常陷于想当然的课程设计思路，而忽视了整体性知识体系的梳理，知识点之间缺乏内在联系，既没能和时代发展相适应，也忽略了教学规律中对知识逻辑的有效把握。

运用知识图谱理论和技术能够有效改观劳动教育课程知识割裂、知识更新速度慢、知识传授模式不合理等情况。教育工作者可通过分析劳动教育各知识点之间的联系，将劳动知识及所需的技能、能力、素养有机串联起来，形成一张完整的知识网络。同时，知识图谱可以

有效分析学生的学习需求和兴趣，根据知识图谱反映的劳动教育研究趋势，判断在课程建设过程中需要增加什么、调整什么、去掉什么。

二、构建高校劳动教育知识图谱

1. 仔细研究文献，深入调研学生群体

对高校劳动教育的历史沿革、中外视野、理念革新等方面进行充分的文献阅读和指标研读，对相关政策、法规和文件进行深入研究，以了解国家对高校劳动教育的政策和要求。在此基础上，深入调研学生群体，了解他们的所思所想和对劳动教育的认知、态度、已有的实践情况等，以便更好地设计符合他们需求的劳动教育课程。在深入研究政策文件、社会需求和教育规律的基础上，形成对 Z 时代学生劳动教育课程建设方案的预判。

2. 明确课程目标，罗列达成指标

结合调研和分析，合理制定高校劳动教育课程建设目标。目标的设定既要与学校的人才培养目标和人才培养方向相一致，也要考虑社会对人才需求的变化，要基于数智时代的劳动教育，对课程需实现的劳动观念养成、劳动技能达成和劳动精神培育有对应的体现。课程建设者还应根据课程总体目标，确定课程的结构、内容、教学方式、评价方式等。所有过程均应体现数智时代的劳动特点。

3. 科学收集和处理数据，选择合适的知识表示方式

构建劳动教育知识图谱需要收集和处理大量的数据，这些数据是广义上的，而不仅仅是数字和代码，可以包括文本、图像、视频、音频等表示方式。在收集数据时，要注意数据的来源和可信度，这也是加强前期调研和分析的重要意义。在处理数据时，需要对数据进行清洗、去重、标签化等操作，以便于后续构建知识图谱，这是知识管理的重要手段。知识表示方式的选择应该根据劳动教育课程的内容和特点来确定。文本、图像、视频、音频等不同知识表示方式均有其特有的教学适应性，在使用的过程中，教育管理者和知识图谱的设计者要关注显性知识和隐性知识的转化。

4. 建立知识图谱数据库，设计合理的交互界面

建立知识图谱需要建立一个完善的数据库。数据库应该包括课程目标、课程体系、知识点、案例等内容。在构建知识图谱框架的过程中，需要充分考虑知识的分类、节点的关系和连接等。节点是指知识图谱中的概念或实体，节点之间的联系反映了节点关系的强弱。在绘制节点和关系时，需要注意节点的分类、标签和属性，以及关系的类型和强度。同时，数据库还应具备可扩展性和可维护性，以便更新和优化知识图谱。如生成式人工智能对劳动教育的影响、劳动教育与自我领导力的融合、劳动教育与高等教育综合改革的联系等领域的知识持续更新和发展，可以确保知识的时效性。

5. 完善知识图谱的细节，重视交互界面设计

知识图谱的最终目的是合理使用，所以确保其呈现方式的可读性、易读性十分重要，既要确保交互界面的设计满足学生的学习习惯，也要注重视觉效果和人性化要素。数智时代的劳动教育知识图谱可以融入语音搜索、智能推荐等，进一步提高交互界面的教学价值，也能吸引学生会用、常用知识图谱，促成个人学习的自律性，帮助学习效果的对照和监督。知识图谱的设计者还需要考虑对学生的使用反馈和设计错误进行及时处理和修正，以提高知识图谱的质量和可用性。

数智时代高校劳动教育课程建设的现状分析

调研设计

为全面掌握数智时代高校劳动教育课程建设的整体情况，精准查找制约劳动教育课程建设的短板和弱项，我们组织了面向劳动教育课程设计教师、教学组织管理者和学生的深度访谈，设计、发放并回收有效调研问卷337份。参与问卷调研的对象主要为正在接受劳动教育课程学习或已上过相关课程的学生，以本科生为主。参与调研的学生所学专业大类占比分别为：理工类42.73%，经管类35.91%，其他类20.77%。

在深度访谈环节，设计的访谈提纲主要聚焦七个方面：

（1）现有的劳动教育课程资源是否充足？能否满足学生的需求？学校对于劳动教育课程的重视和支持度如何？

（2）劳动教育课程涵盖哪些主题或内容？是否包含实习或实践环

节？劳动教育课程中教师与学生的互动情况如何？课程最终考核评价学生的方式是什么？

（3）受访者认为数智时代对高校劳动教育课程建设有何影响？数智技术在劳动教育课程中的应用情况如何？

（4）目前学校劳动教育课程内容和设计等方面存在的突出问题是什么？提出改进的意见和建议。

（5）目前学校劳动教育课对学生的职业发展、就业综合竞争力及领导力提升等方面有无实质性帮助？

（6）如何合理评价劳动教育课程的学习效果？现有的评价方式是否有效？

（7）数智时代的劳动教育课程应如何适应新的技术和趋势？

主要问题

通过问卷调研的数据分析和深度访谈，可以归纳出以下几方面问题：

1. 学生对数智时代和劳动教育有基本认识和价值认同，但认识的程度参差不齐

调研结果显示，关于对数智时代的认识程度情况，只有18.99%的学生表示"有清晰的认识"，而56.97%的学生表示"有所了解"，还有24.04%的学生表示"不太了解"。座谈访谈中学生也多表示，对数智时代的内涵一知半解，但作为伴随着互联网成长起来的"数字原住民"，尤其是工科学生，对于大数据时代、人工智能等并不陌生。

关于数智时代高校劳动教育课程对高校学生的影响程度情况，48.07%的学生认为影响"非常大"，44.21%的学生认为影响"一般"，

7.72%的学生认为影响"较小"。座谈访谈中,学生对学校设置劳动教育课程的意义有较为深刻的认识,并表示参与劳动教育的程度不同会获得不同程度的成长体验。可见,绝大多数学生对于劳动教育课程设置的价值和意义是认可的。

2. 学生认为劳动教育课程设置基本合理且能满足需求,但对于数智技术应用及课程内容设计有更多期待

调研结果显示,76.26%的学生认为目前学校的劳动教育课程已融入日常教学,51.34%的学生表示目前学校的劳动教育课程已涉及数智技术应用;但也应看到,仍有15.73%的学生认为目前学校的劳动教育课程没有涉及数智技术应用,且有32.94%的学生表示不清楚。调研还发现,仅有18.69%的学生表示使用过虚拟现实(VR)或增强现实(AR)技术进行劳动教育学习。关于VR/AR技术在劳动教育课程中的应用效果,认为效果"好"和"非常好"的学生占比为60.24%,认为效果"一般"的占比为34.12%。关于数智技术在劳动教育课程中的优势,占比由高到低排序为:增强学生兴趣(91.39%),提高教学质量(75.67%),提高教学效率(64.99%),个性化教学(64.69%)。关于对劳动教育课程的效果影响最大的因素,占比由高到低排序为:课程内容的设计(81.6%),数智技术的运用(75.67%),学生参与度(73.59%),教师的专业水平(64.99%)。

访谈时,受访学生也表示,学校本科生从大一到大四均设有专门的劳动教育课程,课程开展的形式有理论学习研讨,也有劳动实践活

动。同时，访谈中学生表示学校工科专业学生的劳动教育与专业实习等实操训练结合度比较高。学生也可结合自身兴趣通过参加各种社团自主参与一些活动，如机器人设计等，从而获得不同的劳动体验。

综上，学校劳动教育课程依托专业教育开展，特色鲜明，课程覆盖第一课堂和第二课堂，学校劳动教育课程的覆盖面、设置等基本合理且能满足学生需求。但目前劳动教育课程中数智技术的应用面不广，学生体验感不多，对于数智技术能充分应用到劳动教育课程中有更多期待。另外，有学生也提出目前学校劳动教育课程设置较为分散、学分太少的问题。

3. 学生在劳动课程中的基本参与度较高，但参与劳动教育实践的深度和广度有待提升

关于目前学校已开设的劳动教育课程中学生的参与度情况，调研结果显示，46.88%的学生认为参与度"高"，47.18%的学生认为参与度"中等"，5.93%的学生认为参与度"低"。关于学生对目前劳动教育课程的满意度，68.55%的学生表示"满意"或"非常满意"，有27%的学生表示"一般"，仍有4.45%的学生表示"不太满意"或"非常不满意"。结合座谈访谈的情况看，学生对于劳动课程的参与程度与对劳动课程的满意度基本呈正相关关系，学生参与劳动课程本身的深度和广度越高，则获得的劳动体验越深，从而对于劳动课程的满意度也就越高，反之亦然。

座谈访谈中，学生也表示对于劳动教育课程，目前各学院根据自

身的安排自主设计，在一些劳动实践教育如种菜种花等过程中，老师对于学生的过程指导不够，互动教学不足，组织劳动者和按分工参与劳动者因参与劳动的程度不同，获得的劳动体验和对课程的满意程度也就不同。

第 3 节
原因分析

结合调研和访谈结果，要加强数智时代高校劳动教育课程建设，需要在以下三方面下功夫：

一、在思想认识层面增强对数智时代劳动教育的价值认同

数智时代引起了劳动形态的巨大变化，数字劳动逐渐成为主要的劳动形式，也势必导致教育教学终端移动化、教育信息互联化、教育方式虚实交互化以及数智教育理念互嵌化的高等教育新生态。因此，高校劳动教育要把握住数智时代下劳动形态变化的趋势，着力提升劳动教育的主体和客体对于数智化本身及数字劳动形态的深度认知，在设计劳动教育课程时，高校应自觉拓宽对劳动内涵和形态的认识，系统整合第一课堂和第二课堂劳动育人的元素，创新开展劳动教育的方式方法，以学生喜闻乐见的方式不断增强学生对于数智时代高校开展

劳动教育的价值认同。

二、在课程设计层面提升数智技术赋能劳动教育的方法水平

调研发现，关于数智技术在未来高校劳动教育课程中的发展趋势，86.05%的学生认为数智技术会有"更广泛的应用"或"更多的创新应用"。关于数智时代学校劳动教育课程应重点加强或改进的方面，按占比从高到低依次排序为：课程内容丰富度（73.89%），教学方法多样性（67.95%），数字化工具的应用（63.2%），学生对课程的兴趣和参与度（60.24%），教师专业能力与指导质量（49.85%），课程与未来职业发展的关联度（48.66%），课程对个人成长和发展的帮助程度（43.03%），课程评价与反馈机制（39.47%）。由此可见，数智时代下高校劳动教育必须统筹把握好课程内容与数智技术两者之间的关系，要充分运用数智技术创新劳动教育课堂的内容和形式，切实以数智技术展现数字劳动场景，以数智技术增进教学互动体验，不断赋能和服务于劳动教育内容及形式创新。

同时，在将数智技术应用于劳动教育课程设计的过程中，教育管理者还需努力克服技术与劳动教育融合过程中的理性与价值判断问题。如：避免技术至上的观念对学生劳动教育价值认同的消解，虚拟教学环境对劳动体验教育真实感的削弱，以及劳动教育课程设计中因理念和技术融入不恰当而产生的伪个性化问题。因此，我们需要切实增强学生对数智时代数字劳动本身的价值认同，帮助他们树立正确的劳动观、人生观和价值观，以确保数智技术在劳动教育课程建设应用过程

中的有效性。

三、在实践教学层面切实提高学生的深度参与

相较于基础教育阶段，高校劳动教育不再只聚焦于日常生活劳动，而是应该与专业相关的生产劳动和服务性劳动紧密联系。因此，高校的劳动教育课程建设应紧密围绕创新创业，结合各个学科和专业的特点，积极开展包括实习实训、专业服务、社会实践、勤工助学等在内的多样化教育实践活动。在实践教学活动中，学校应结合数智时代的教育管理和教学理念，以学生为中心，通过整合资源为学生提供多种劳动教育课程选择，通过增强教育实践过程中师生的互动和教师的指导，以及数智技术的深度参与，充分激发学生的积极性和参与劳动的内驱动力，从而持续提高劳动教育的质量和效果。

第**4**章
CHAPTERS

数智时代高校劳动教育课程建设的改革方向

第 1 节
课程培养目标的改革

2020年3月，中共中央、国务院印发《关于全面加强新时代大中小学劳动教育的意见》(后简称《意见》)，成为新时代高校劳动教育改革的指引。《意见》指出：高等学校要注重围绕创新创业，结合学科和专业，积极开展实习实训、专业服务、社会实践、勤工助学等，重视新知识、新技术、新工艺、新方法应用，创造性地解决实际问题。

在高等教育阶段，劳动教育的目标和内容与基础教育阶段有所不同，这种差异符合社会需求和学生成长规律。劳动教育课程建设的人才培养目标与职业经验的积累和就业创业能力的提升紧密相关，希望大学生通过实践提高道德素养、社会责任和公共服务意识，积极参与社会建设和志愿公益服务项目。

随着数智时代的到来，传统的劳动教育观点和教学方法手段受到新的冲击和挑战，这也促使劳动教育课程建设要迅速进行新的转变，首要的是课程培养目标的改革，应注意以下几个方面：

一、课程设计需要融入马克思主义劳动观教育

以习近平新时代中国特色社会主义思想为指导，突出劳动教育理论课程的思政属性，提升学生的理论认知能力和以理论指导实践的水平。在教学目标的设计中，要摒弃重实践轻理论的做法，更要杜绝理论与实践各做各的割裂做法，要将理论课程与实践教学过程中课程思政的切入点相统一，融入劳动教育实现立德树人根本任务的课程培养目标之中。

二、课程建设目标要与培养数智时代人才核心素养目标相统一

数智时代，社会更关注高校毕业生以创新思维解决复杂问题的能力、沟通及与他人交往的能力、团队协作能力、人机协同管理及控制能力、对人工智能及大数据技术的理解和应用能力等。课程培养目标应与学校人才培养目标的新指向、新变化相契合，与数智时代对人才需求的基本导向相契合，深度挖掘以上核心素养与课程建设是否融合、怎样深度融合的问题。

三、要在与专业建设密切结合的基础上拓宽劳动知识领域

《意见》指出了高校劳动教育应与学科专业相结合的发展路径，课程培养目标也不能脱离学科和专业建设目标而"自成一派"。此外，高校的劳动教育课程还应该涵盖多个领域的知识，并把提高学生对经济、

管理、生态文明建设和与劳动相关的法律常识等方面知识的认识，这些领域的知识也应该融入课程培养目标中。

四、提升学生对智慧教育的理解，加强学生对智慧劳动的认知

智慧劳动是指借助先进的技术手段，运用知识、技能和创造力，解决实际问题的一种劳动方式，是数智时代劳动工具和劳动方式变革的劳动生产新路径，也是面向未来社会的劳动发展方向，不仅驱动着未来就业结构变化，也对当下就业市场和产业行业产生重要的影响。课程培养目标应融合智慧教育和智慧劳动的现实格局和发展方向，这样才能稳固高校劳动教育课程体系建设的时效性。

课程教学内容的改革

根据课程培养目标改革的方向，高校劳动教育课程教学内容也要随之调整，可以分为理论课程、实践课程和融合课程三个方面。

一、理论课程

以习近平新时代中国特色社会主义思想为引领，在设计开发课程内容中应注重三方面的融合：

1."四史"教育

"四史"指党史、新中国史、改革开放史、社会主义发展史，"四史"教育对大学生树立正确的信仰信念，传承红色基因有着重要意义。课程开发者要从"四史"多样的历史素材中找寻马克思主义劳动观下人民劳动的底色，总结凝练不同时代的劳动表现形式和中华民族共通

的劳动品质，引导学生在了解和掌握劳动历史观的同时厚植爱国主义情怀，正视自己作为社会劳动者和未来职场劳动人身份的正确价值，提升自豪感和使命感。

2. 数智时代与劳动密切相关的新技术知识和未来劳动形态及方法的理论转向

通过学习掌握这些理论知识，更深地了解数智时代对个人发展的重要影响，加紧掌握必要的通识性的数智时代核心技术知识，提前做好个人职业发展规划。

3. 生态文明建设与双碳理论知识

数智时代呼唤社会结合数字化转型和产业革命技术，不断实现可持续的生态文明建设走深走实，造福人类，劳动教育与生态文明教育互促同向，有助于培养有环保意识、社会责任感的高素质大学生。

二、实践课程

要注重与校本实践、区域实践相融合，设计有特色的实践环节课程内容。数智时代的高校劳动教育课程实践环节内容改革方向可以从以下三方面考虑：

1. 加强大学生创新活动与劳动教育融合课程内容的开发

如工科类高校可以加强大学生创新赛事与劳动体验、劳动实践的群体化融合，可以增加赛事参加人数，进一步激发学生对双创的兴趣。

2. 加强大学生领导力实践活动与劳动教育融合课程内容的开发

通过劳动教育实践环节，提升学生自我领导力的培育，推动善沟通、懂管理、愿协作、乐助人的学生培育方向，打破领导力教育精英化的局限，让更多学生通过劳动实践提升个人综合能力。

3. 加强数字化劳动体验与实践课程内容的开发

通过实践项目和案例的深入学习，学生将提升数字素养，强化数字技能，包括计算机编程、人工智能和大数据分析等领域的知识。

三、融合课程

在融合型课程方面，应关注以下两个方面：

1. 学科和专业的融合

包括专业课堂理论课程指导下的实践环节与劳动教育元素的统一，既可以作为劳动教育课堂的拓展，也可以从专业课中选取若干门在全校层面开展普适化教学的专业劳动实践项目，作为劳动教育专项课程的推广性实践案例。

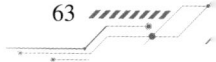

2. 注重与法律知识的融合

包括职业类劳动法律知识和与数字化劳动相关的法规和道德规范，帮助学生通过学习掌握数字化劳动中应遵循的规范和原则。

第 3 节

教学方法手段的改革

　　身处数智时代，信息科技的飞速发展对包括高校劳动教育在内的高等教育体系产生了深远影响，从教学方法手段层面来看，传统的以教师为中心的讲授方式已经无法满足学生的需求，而翻转课堂、PBL式的教学方法逐渐受到重视。

一、翻转课堂

　　翻转课堂是一种颠覆传统教学流程的新教学方式，教育者设计并引导学生在课前通过观看教学视频、阅读教材、完成预习作业等方式，对课程内容进行自主学习，在课堂上主要引导学生进行讨论、交流和解决问题，以加深学生对课程内容的理解和掌握，有助于培养学生的自主学习能力，促进师生间的互动与交流。PBL式教学方式以具体任务为导向，在提出与劳动教育相融合的具有挑战性的真实问题后，引

导学生制定解决问题的计划，通过信息收集、整理，分析和解决问题，并开展总结和反思，实施自我评价。以上这些方法都以学生为中心，强调学生在解决复杂问题的过程中，通过自主学习、合作学习和批判性思维来获取知识和技能，与数智时代劳动教育的教学方法改革方向相契合。

二、境脉学习

近年来，高等教育研究者开始重视对劳动教育的教学方法改革，很多学者开始研究境脉学习理论与劳动教育的融合。境脉学习强调学习过程中环境因素的重要性，同时关注个体差异、生活经验和社会背景等要素对学习成果的影响。而新时代高校劳动教育也越来越强调个人与集体的情感融合，在教学过程中开始更多地关注学生的情感需求和体验，通过运用丰富的教学方法引导学生认识职业与劳动的意义和价值，培养学生的职业素养和职业道德观念。在运用境脉学习理论开展教学时会根据学生个体情况灵活调整优化教学方法。可以说，运用境脉学习理论开展劳动教育的教学，可以推动学生以劳动任务为基础的PBL教学模式的革新。

三、教学手段融合

数智时代高校劳动教育教学方法改革的重要趋势就是伴随着大数据、人工智能等新技术的广泛应用而实现的智慧教育教学资源平台建设、智慧课堂系统建设和智慧教学手段融合发展。

（1）通过使用智能化教学工具，如人工智能辅助教学系统和虚拟现实技术，可以根据学生的学习情况智能地生成教学内容和教学方法，帮助学生更好地掌握知识。这些工具还可以模拟真实的教学场景，让学生身临其境地感受知识的应用。这些智能化教学工具的应用，不仅可以提高教学效率，还可以激发学生的学习兴趣。

（2）智慧课堂建设利用智能教学系统、大数据分析等技术手段，对学生的学习情况进行实时监控和精准评估，为教学质量的提升提供有力保障。此外，智慧教育教学平台能够整合各类优质的劳动教育资源，通过大数据分析，结合教学目标和教学进度，为师生提供个性化的教育服务，推送适合的教学资源。同时，资源的共享和优化配置也有助于推动高校劳动教育课程范式化建设，促进教育公平。

第 4 节
产教融合劳动教育微专业建设

　　随着数智时代的到来，社会对人才的知识技能需求变得越来越多元化和精细化。为了更好地满足这些需求，许多高校开始探索微专业这一新的专业教学模式。微专业是一种针对特定领域或行业的知识技能进行精细化、系统化教学的模式，围绕某一特定的学科或技能领域展开的专业教学活动，通常有一批短小精悍、灵活性强的课程，通过高度专业化的课程内容设置、具象化的研究领域设计、灵活性的课程教学体系，让学生在根据兴趣和职业规划自主选择的同时，快速掌握某一特定领域的核心知识和技能，旨在为学生提供更加全面、深入的知识和技能培训。微专业的兴起源于传统的专业教学模式逐渐力不从心的背景。

　　传统的专业教学模式通常注重学科知识的系统性和完整性，但在实际教学中很难深入教学特定行业或领域的知识和技能。随着社会分工的细化和各行业领域的差异化加大，传统教学模式已无法满足现代社会的多元化需求。微专业教学模式针对这一问题进行了创新性的改进。它以特定行业或领域的知识和技能作为教学核心，通过系统化的教学方式，使学生能够全面且深入地掌握该领域的知识和技能。微专业教学模式还注重培养学生的实践能力和创新精神，通过与各行业企业的合作，给学生提供实践机会以积累实践经验，从而更好地帮助他们适应未来的职业发展需求。数智时代的教育工作者逐渐注意到，融合劳动教育的微专业建设不仅能推动劳动教育课程专业化、体系化发展，盘活校内外教育资源，降低高校办学成本，还能丰富及拓展微专业与社会发展和学生需求的融合面，使得劳动教育与专业教育的融合在一定程度上更紧密。

一、价值体现

在劳动教育微专业的建设中，产教融合是推动其走深走实的关键。随着产业变革的持续深入，高校与企业的产教融合迎来了新的春天，双方通过共享资源、协同创新和人才培养，实现共同发展。在高校劳动教育微专业建设中，产教融合具有以下三方面的价值：

（1）进一步加强人才培养的针对性。高校通过与企业的深度合作，了解行业的真实需求，制定符合市场需求的微专业课程体系。

（2）进一步提高教育资源的优化配置率。企业为学校提供专业化的劳动教育实践基地、实训设备和技术支持，学校为企业提供技术研发和人才培养输出服务，实现资源的优化配置。

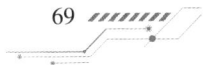

（3）推动创新创业教育与劳动教育的融合发展。产教融合背景下的微专业建设减少了"大块头"和"程式化"的传统专业课程限制，课程建设更为灵活多元，且具备敏捷课程的特点，即采用迭代式教学方法，确保课程教育内容与时俱进，鼓励学员积极参与课程建设，通过实践项目来培养学生的实际操作技能。这样的课程建设改革有助于培养学生的创新精神和创业意识，实现劳动教育与创新创业教育的深度融合，确保劳动教育质量。

二、具体建设

在进行具体建设时，需要关注以下五个方面：

（1）确保专业名称吸引人且与专业实质内容的科学性相一致。

（2）合理配置专业理论课程和实践环节。

（3）监督产教融合企业资源融入后的课程质量文化发展及评估工作。

（4）促进不同学科之间的交叉融合。

（5）引入产业领域的优秀教师，同时加强学校自有师资队伍的"双师型"素质建设。

通过这些措施，学校可以为专业建设培养出一批具备企业视野、了解教学规律的优秀教师队伍。

第 5 节
大中小一体化劳动教育课程建设

　　大中小一体化劳动教育是指在大中小学不同学段，根据育人目标，科学设置劳动教育课程，设计和实施以生为本、符合不同学段要求的劳动教育方案。推进大中小一体化劳动教育不仅是教育规律的必然，也是教育视野中全学段人才培养的关键。虽处不同阶段，尊重劳动、崇尚劳动的劳动价值观以及良好的劳动习惯，是实施和实现大中小一体化劳动教育的逻辑起点。

一、挑战和契机

　　数智时代的劳动教育内容和形式向智慧劳动、数字劳动转型，这对大中小一体化劳动教育来说是新的挑战和发展契机。

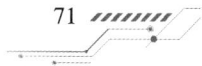

1. 管理便利

数智时代的技术革新能进一步推动教育数字化转型，这为实现大中小一体化劳动教育的教学资源管理协同联动提供了便利。教育者可以绘制不同学段的劳动教育知识图谱，结合智慧教育技术，设计各学段劳动教育的课程目标和课程教学内容，并关注大中小学各学段间升学转段节点的有序性和耦合性。

2. 现实基础

Z时代青年是"网络原住民"，他们在学龄前教育阶段就大范围享受到数智技术发展带来的教育改革红利，他们更习惯使用数智时代的教学技术来实现学习目标，大中小一体化劳动教育在技术逻辑层面是一以贯之的，并且随着技术发展更为智能，联动性更强。

从高校劳动教育课程建设的培养目标和内容设置来看，大中小一体化劳动教育有助于高校大学生对智能劳动的感性认知。高校的劳动场域可以对中小学开放，高校的课程体系可以放到中小学劳动教育环境中。换言之，引导服务中小学生开展劳动教育本身就是高校大学生的一种劳动实践。对于师范类学生而言，设计并建设中小学劳动教育课程，是其职业体验的重要环节，也可依托微专业建设提升自己对教育方法论的认知和掌握。

二、具体实施推进

1. 制定大中小学劳动教育的一体化建设方案

各教育主管部门应联动区域内的大中小学，整体思考、系统推进各学段劳动教育的目标设置和内容安排。一体化建设方案应确保人才培养和课程教学目标在纵向联动和横向协同中有序开展。

2. 推动大中小学在劳动教育方面的资源共享与整合

各级教育主管部门应当做好整体规划，深度发掘各个学段的劳动教育资源，并积极探索建立校内外教育资源联合共同体。同时，要引导大中小学开展劳动教育融合校本实践的区域化教育研究探索，开发一系列具有区域特色的、分学段的校本课程。

3. 完善大中小学劳动教育的一体化协同育人机制

大中小学应当加强劳动教育课程之间的协同育人机制。通过建立联合教研室，共同开展课程研发、实践教学、师资培训等活动，实现各学段之间的优势互补和协同发展。同时，高校应当加大对中小学劳动教育的师资培训力度，提高他们的教学水平和实际操作能力。

数智时代高校劳动教育课程改革的实践探索

国外高校做法

国外高校劳动教育与本国文化和人力资源市场规划紧密结合，既确保了劳动教育课程内容符合国家的本土文化传统，又能满足当前劳动市场的实际需求。一般的做法是：注重培养学生的文化素养和传统工艺技能；注重与企业、行业和社会机构建立合作关系、共同开发实践项目；注重将创新创业精神融入劳动教育，鼓励学生发掘商业机会、创造社会价值；注重技能培训和职业资格证书制度的推广，增强学生的就业竞争力和适应能力等。

一、美国

美国学校在劳动教育课程建设方面有着独特的做法，他们将学生的职业方向作为教育的核心指引，帮助学生发现自己的兴趣和潜力，从而为将来的职业生涯做好准备，同时将培育学生吃苦耐劳的品质作为劳动教育的重要目标。

美国深泉学院坐落在美国加利福尼亚州与内华达州交界的一片小绿洲。学院创办于1917年，每年招收十多名男生，学制两年。在与世隔绝的沙漠深处，学生一边放牧，一边进行超高强度的学术训练。两年学制结束后，学生会获得副学士学位。根据深泉学院此前的统计数据表明，大部分毕业生转入哈佛、耶鲁、康奈尔等常春藤名校继续大三学业，约有三分之二拿到学士学位，更有二分之一获得博士学位。深泉学院创办者为学院定下了影响至今的校训：劳动、学术、自治（labor，academics and self-governance）。学院管理异常严格，不经允许不得离开校园，并坚持"劳动是学校教育的一个不可分割的部分"的理念，建校百年来一直将劳动教育作为办学特色。

深泉学院开展劳动教育的目的主要有两个：

（1）保障学校自给自足，为全校师生提供生活保障；

（2）通过劳动发挥育人的作用，培养学生自律、吃苦耐劳的品格和责任感、服务社会的意识。

深泉学院所处的地理位置偏远，这就要求学校必须自力更生，实现自给自足。学校的牧场和耕地为这种自给自足提供了可能，而学生的劳动则使其变为现实。学生们不仅负责日常的清洁卫生工作，还要参与耕种、放牧、修房子等各式各样的劳动，以确保学校的正常运转。这些劳动并非学校为了培养学生实践能力而设置的实习或实训，而是实实在在地为了向全校师生提供日常生活所需。学生每周需要完成至少20小时的劳动，内容包括烹饪、耕种、放牧、清理下水道等。

深泉学院还通过劳动教育来发挥育人的作用。学校希望学生通过辛勤的劳动，培养出自律、吃苦耐劳的品格和对社会的责任感。这种品格和责任感的培养并非一蹴而就，需要在日常的劳动中逐渐积累和形成。学校通过引导学生参与各种各样的劳动，使他们逐渐意识到自己对所承担的工作、对深泉学院乃至对整个社会所肩负的责任。这种责任感将对学生的一生产生深远影响，使他们在未来的生活和工作中都能保持一种积极、负责的态度。

二、德国

德国学校劳动教育旨在实现个体"教化"，以劳动观念为本、技能为用，帮助学生参与社会和职业生活。受工业4.0影响，德国强化了劳动教育的时代性和跨学科性。劳动课程以情境为导向，协助学生解决社会劳动中的现实问题，并定位为跨学科课程。劳动教育的课程目标在于培养学生的综合劳动能力，包括知识力、方法力、评价与决定力、社会交往力和行动力。教学内容以劳动、经济和科技为核心领域。课程编制依托主题整合知识。教学实施以"项目教学法"为主，辅以校外实习和高质量的课堂教学设计。

德国劳动课程着重培育学生的综合劳动能力，以应对职业和生活中的各种挑战。在课程建设中，德国高校聚焦专业知识能力、方法与过程能力、判断与决定能力、社会交往能力和行动能力共五种能力。

（1）专业知识能力要求学生将各种事实和概念进行分类和系统化处理，并在具体的社会生活和生产环境中加以应用；

（2）方法与过程能力是指学生需要掌握有效的收集、分析和反思知识的方法，以及将其应用于所学专业和职业领域的思维方式和技术方法；

（3）判断与决定能力是基于已获得的知识和方法，对具体工作任务进行自主、理性和批判性的评价和决定，帮助学生做出明智的职业选择；

（4）社会交往能力是通过劳动教育培养学生的协作和交流能力，以加强其在未来的工作中与他人有效合作的能力；

（5）行动能力是劳动教育中的综合性能力，要求学生在正确的劳动价值观指导下，综合运用各种情境下的知识和技能，解决实际问题。

以五种能力建设为核心，德国构建了"特色课堂—工作坊—基地"三级劳动教育体系，以情景为导向，旨在促成每个学生的全面和谐发展。该体系注重实践性和综合性的劳动能力培养，并根据不同教育场所设置不同的教育内容和功能。在劳动课堂中，学生了解劳动知识和技术，明白劳动的意义和价值，以及与个人和社会的关系。学校工作坊提供模拟真实劳动实践活动的场所，让学生在职业劳动体验中学习协作、交流和分享。德国应用型大学还利用"双元制"建立校外实习劳动基地，将学校学习与真实劳动环境相结合，帮助学生顺利过渡到社会生产劳动中。

三、英国

英国高校在劳动教育方面展现出多样的课程结构，包括日常生活

性劳动课程、生产劳动课程以及服务性劳动课程。

1. 日常生活性劳动课程

课程设置目标不仅为了让学生掌握实际技能，更重要的是激发学生的创新思维。

2. 生产劳动课程

课程的重点在于计算机和技术课程。这类课程设计的主要目标是让学生在建筑、园艺、设计等行业具备一定的谋生能力。为了适应数智时代的发展，学生在这些课程中也会学习信息技术、数字技术、大数据和人工智能等领域的知识和技能。

3. 服务性劳动课程

这类课程与公民教育紧密相连，主要目的是鼓励大学生积极参与社区活动，实现个人在社会中的价值。

此外，英国高校的劳动教育课程建设还具有很强的时代特性。随着数智时代的到来，课程各环节逐渐以信息技术和软件设备替代原有的手工实践。这样的转变不仅让学生认识到劳动方式的与时俱进，还进一步提高了学生的社会竞争力。

为了培养大学生的劳动创新意识，英国高校还热衷于与企业合作开发劳动创造力课程项目。这些项目通常邀请企业专家来分享实际工作经验，学生还有机会进入企业实习。这种学校和企业合作的方式不仅提高了学生的劳动积极性，还让他们体验到了自己的创新和努力能够为社会带来价值的满足感。

四、日本

日本高校的劳动教育目标定位十分明确，旨在为社会输送具备劳动技能的优秀人才。在科技和技能人才短缺的背景下，日本高校的教育任务显得尤为重要。日本高校通过不同的实施途径，如道德课程、知识课程、技能课程以及企业实践和社会活动等，努力培养学生热爱劳动的理念，掌握劳动理论知识，并参与劳动实践。在政策保障上，日本的《教育基本法》明确了劳动教育的地位，文部科学省负责高等学校劳动教育问题，并颁布了相关要则和实行规则。

日本重视多元化协同参与，鼓励家庭、社区和学校共同培养学生的劳动能力。父母通过榜样力量引导学生进行劳动，提高学生自理能力；社区与学校合作建立劳动教育实践基地，为学生提供更广泛的实践机会。

在课程形式上，日本将"田地教育"作为劳动教育的特色，予以推广并实施。无论是城市学校还是农村学校，都拥有专门用于劳动教育的田地。教师在田地进行户外劳动教育实践指导，教授学生种植和园艺等技能。这种特色形式不仅丰富了劳动教育的内容，还有助于培养学生的实践能力和创新意识。

此外，日本拥有较为完善的劳动教育评价和课程反思机制。在劳动教育课程结束后，学生可以通过座谈会等形式分享劳动心得体会。

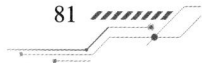

在课程评价环节，教师、课程开发者和学生共同参与评价点评，以促进课程质量的提升。

第 2 节
国内高校做法

在"五育融合"的教育目标和数字化智能时代的新人才培养需求的共同推动下，国内高校在劳动教育课程的建设方面正在经历一场理念和技术的双重革新。这场革新旨在将劳动教育与德育、智育、体育、美育相结合，以全面培养学生的综合素质。同时，劳动教育课程改革正不断适应数字化智能时代对人才培养的新需求，强调学科交叉和跨界融合。

一、上海交通大学

学校推出了《全面加强劳动教育工作实施方案》，聚焦育人为本、价值引导、时代特征和综合实施，努力打造校院两级的劳动教育体系。学校建立了劳动教育的评价体系，将其纳入学校整体教育评价改革中，借助信息化平台记录和评价学生的劳动实践，打造学生的劳动素质档案。

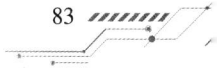

二、上海财经大学

学校通过"千村调查"项目，将学生引入农田，与农民共同劳作，培养劳动习惯和技能。此外，学校还设立了多种勤工助学岗位，鼓励学生参与各类劳动实践，从宿舍管理到食堂帮厨，从快递收发到校园绿化，都有学生们的身影。

三、北京交通大学

学校在深化"三全育人"改革中，强调后勤部门的劳动育人职能，将后勤人员纳入劳动教育师资库，并开设相关劳动教育课程，将劳动素质评价作为学生全面发展的重要参考。

四、天津大学

学校立足新工科建设，将劳动实践融入专业教育中，与企业合作指导学生进行实践，探索多种形式的劳动实践。同时，学校还深化了"创新创业+劳动教育"的实践，完善相关课程设置，引导学生通过劳动培养进取创新精神。

五、东南大学

学校重点关注学生实践动手能力的提升，持续培育的"耕读园"实践平台是其中的亮点，数百支学生团队入驻"耕读园"，共同打造了一个集花卉、果树等植物为一体的特色学习生活社区。学生们在这里不仅可以体验劳动的乐趣，还可以提升劳动技能。

六、华东师范大学

学校成立了体美劳教育工作推进委员会，以全面协调推进学校的体育、美育和劳育工作。学校积极探索"3L"劳动教育模式：

（1）聚焦理论学习（Learn to know），引导学生建立正确的劳动观念；

（2）聚焦实践活动（Learn to do），通过实践提高学生的劳动能力，帮助他们养成良好的劳动习惯，塑造优秀的劳动品格；

（3）聚焦劳动创新/教育（Learn to innovate/ educate），从多方面培养学生的劳动素养，提升他们在创造性劳动方面的能力。学校将劳动教育视为卓越人才培养改革的关键切入点，将科学、技术、工程、艺术和数学五大门类知识融合在一起，引导学生运用跨学科思维解决现实中的问题。

七、上海工程技术大学

上海工程技术大学是一所应用型高校，学校致力于深化教育教学改革，提高人才培养质量。学校坚持依托现代产业办学、服务经济社会发展的办学宗旨，以现代产业发展需求为导向，学科群、专业群对接产业链和技术链，以产学研战略联盟为平台，与行业、企业共同构建了协同办学、协同育人、协同创新的"三协同"模式，通过深化产学合作教育模式，助力学校成为培养优秀工程师和工程服务人才的摇篮。

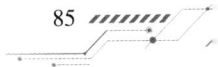

1. 劳动教育课程建设

学校高度重视劳动教育课程建设工作，形成了体现时代要求、符合育人规律、彰显学校特色的劳动教育课程体系。产学合作、产教融合是学校人才培养的鲜明特色，学校提出：劳动教育课程要适应科技发展和产业变革，针对劳动新形态，融入新兴技术支撑和社会服务新变化的劳动教育理念，在实践层面鼓励行业企业为学生体验现代科技条件下劳动实践新形态、新方式提供支持，灵活运用各种新技术，增强劳动教育教学过程的互动性、即时性、趣味性，打造劳动教育的"金课"，结合高素质工程应用型人才培养目标，提高学生的创造性劳动能力。

2. 线上线下相结合

学校注重线上线下相结合，线上微课、课堂选修与线下活动体验相结合，将课程思政元素融入劳动教育全过程。通过建微课、设基地、育组织、树品牌、定网格、联专业、兴阵地等形式，立足校内，延伸校外，"区域携手"，推动劳动教育实践课程体系成果富集化。

（1）后勤建设了"生活技能大课堂""垃圾分类第一课""劳动与生活"等由一线员工面向学生开设的微课项目；

（2）定期举办"校园服务体验日"活动，设计了园林绿化养护、能源安全巡查、环境卫生保洁、餐饮服务助理等劳动教育体验岗，专人带教，边教边学边体验；

（3）建设生态文明网格机制和程园学生业委会制度，推动学生在指导下开展生态文明建设自查自学，提升自我参与意识；结合专业特色，推动更多工科学生用专业的力量提升生态劳动效能，鼓励学生将生态文明建设中的难点、堵点问题设计为毕业论文和课题研究选题，实现智力劳动服务实践教育。

3. 课程融合

通过校园区域网格化管理，推动实践课程环节注重"点线面"融合，课程设计上不搞"大杂烩"，更具针对性。经过多年的探索与实践，学校在劳动教育课程改革方面形成了"三大融合"的鲜明特色。

（1）课程建设与绿色低碳理念深度融合

学校紧紧围绕生态文明建设和双碳目标，以"节能减排""垃圾分类""节粮爱粮""爱绿护绿"等项目为切入口，通过与劳动教育的"同频共振"，构建起贯穿多个教学实践场景、多元主体协同、线上线下联动、互动体验丰富、注重隐性知识特点的劳动教育课程新体系，致力于让学生领悟生态文明建设的重要意义，并在其中学习劳动技能、体会劳动不易、感悟劳动之美、参与劳动创新，引导学生从生态文明建设的过程旁观者、被动参与者，转变为以劳动筑建生态文明美好家园的主动实践者和积极推广者。

在课程实际建设中，学校注重结合学生喜闻乐见的文创、网络学习偏好，在实践教育环节融入富有感染力和渗透力的元素。设计卡通周边"程小勤"，通过学生喜闻乐见的形式开展生态文明柔性教育。同

时，在校园内就地取材，彰显特色，与学校专业特色和学校的生态文明教育热点项目紧密结合，以评促建、以建促教。在校内建设"垃圾分类示范教育体验区""节粮爱粮试验田""程园生态系列园地""光伏节能项目示范教育基地""湿垃圾回收处理装置现场教学点"等生态文明教育劳动教育体验基地，提高实践教育覆盖面和有效性。

① 在"节能减排"方面，学校大力开展以实践为载体的节能减排劳动教育课程建设。通过绿色校园建设和改造，实现能源管理的效率提升，并鼓励学生积极参与建设过程，引导其养成节能降耗的生活习惯。学校加强对照明灯源等进行 LED 的更换改造，对健身步道及草坪灯进行太阳能照明的改造，加装智慧远程集中控制管理模块，中央控制，并推行节能制度，尽可能节省电能。同时推出一批节能技术改造项目，并正式投入运作，节能效果显著。

结合太阳能光伏技术，学校推动"智慧校园"3.3兆瓦的太阳能光伏发电工程，并网发电以来，节约了可观电费。以此为基础，学校建立了"光伏节能项目示范教育基地"，引导能源专业学生参与课题研究，了解光伏科技前沿，同时面向全校开展科普工作。

② 在"垃圾分类"方面，学校成立了工作领导小组，下设工作推进办公室，挂靠在后勤，各相关部处与学院共同参与，协同推进，共同开发并设计劳动教育融合课程。学校成立了以学生为主体的"校园垃圾分类工作督导队"，并通过学习区、工作区、生活区"网格化"管理，实现分类工作定区、定格、定桶，形成了"自上而下、全员参与"的联动格局。

　　在课程开发过程中，学校面向不同学生群体，有针对性地策划并部署垃圾分类教育培训进学院、进班级、进宿舍。各学院通过党团活动日、主题教育月、主题班会、形势与政策课、知识竞赛等形式对学生开展思想教育，普及垃圾分类知识，提升垃圾分类意识。劳动教育师资队伍吸纳了一批学生，并扩散至寝室、班级上门开展针对性指导，讲解垃圾分类的重要性和方法，引导学生养成良好习惯。此外，后勤设计了《垃圾分类新生入学第一课》。通过视频、动画等学生喜闻乐见的形式将垃圾分类的知识普及到每一位同学，并且针对全体学生开展垃圾分类基础知识普测。为了实现校园餐厨垃圾的减量化、无害化处理，学校新建了湿垃圾回收利用系统。

　　从效果来看，推进垃圾分类的有效宣传是最直观的劳动教育载体，学校结合师生喜闻乐见的形式，注重"静态宣传"和"动态宣传"相结合。"静态"宣传方面，在人员密集区域布置宣传栏，垃圾桶旁放置宣传板，扫描"程小勤"上的二维码，就能第一时间学习垃圾分类知识视频、音频，让随时学习成为可能。"动态"宣传方面，组织课程学习学生原创垃圾分类相声作品，并在校内外巡演，形式耳目一新，受到欢迎。"动、静"结合方面，学校后勤建设首个"垃圾分类示范体验教育区"。该教育区集"宣传引导""教育科普""废物利用""成品展示""VR体验"于一体，再生纸材料制作的笔记本、校园绿化垃圾制作的"工程大草饼"，回收饮料瓶生成的速干面料制作速干T恤，废旧轮胎、牛仔布制作的笔袋、腰包，"教育区"处处体现着绿色、环保、节能的理念。同时，使用"虚拟现实"设备体验VR垃圾分类趣味游戏，

寓教于乐、身临其境，提升广大师生对垃圾分类的感官认识。

此外，学校与行业企业、社区街镇协同共建多个校外垃圾分类劳动教育实践基地，围绕垃圾分类共同开展社会志愿科普服务活动，涌现了一批垃圾分类新时尚的优秀践行者，组织劳动教育走向社会。

学校还注重培养学生通过科技创新参与垃圾分类实践，发挥"科研"和"双创"的优势：学生设计环保创业项目助力废物回收，开发制作创新作品"环保型自动分类垃圾桶"等，走街串巷，深入社区做调研，提供改进意见和建议……越来越多的学生在实践过程中融入专业，在意识培养中提升能力。

③ 在"节粮爱粮"方面，学校通过与"四史"教育、课程思政相结合，强化劳动教育课程的深度。学校开发建设"节粮教育试验田"，听课学生在专家的指导下体验种菜，体验农民种地的不易。此外，结合"四史"教育，常态化开展"节粮有传统"——节粮故事图片展，展现我党厉行节约的优秀品质，让课程思政有了更好的现场教育结合点。

在节粮爱粮的机制建设上，学校通过"前中后端"学生共同参与建设的劳动教育实践体系构建，强化校园管理的同时，增进学生对节粮爱粮的深层次认识。

a.在前端：由学生一同参与，加强食材"采购—加工—烹饪"流程管理。结合在校人数情况，通过大数据技术，相关专业的学生测算用餐人数总量和用餐点人流量趋势，和食堂管理者一起分析常规菜品的销售热度，并参与检查仓库存货量和保质期限，通过"少量多次，按需按时，严把质量"的精准采购模式，尽可能规避原材料"供大于求、堆积难售"的浪费问题发生。学生在劳动教育的实践环节中，运用观察和体验，提出各类食材加工改刀、"边角料"创新入菜、调味品合理使用、烹饪能源管控等方面更细化的行为规范要求，通过制度化的后厨流程管理，减少学校餐饮服务前端的浪费。

b. 在中端：创新宣传形式、优化售餐模式。结合学生喜闻乐见的形式，学校开展了形式多样的"制止餐饮浪费"宣传教育活动。除在食堂等公共区域张贴海报外，后勤中心设计并录制"生活技能大课堂"系列网课，邀请厨师长、营养专家讲授节约粮食、均衡膳食的知识；在学生公寓建设以"节能节水节约粮食"为主题的宣传教育体验区，面向学生开放；结合新生教育，设计传统美食品鉴与光盘行为养成相融合的特色活动等，力求让宣教形式更入脑入心。

c. 在后端：完善厨余垃圾分类管理。餐饮全过程管理的后端是大量厨余垃圾的分类管理和回收利用。后勤中心一方面通过前端、中端流程优化和教育管理，尽可能减少食堂湿垃圾产出，引导学生高效进行日常的垃圾分类。另一方面，即将引进湿垃圾回收利用系统，利用技术手段对湿垃圾进行自动化就地降解，基本完成湿垃圾就地资源化、无害化处理，在有效减少湿垃圾转运量的同时，转化出有机肥，大大提高能源资源利用率。实现制止餐饮浪费现象后端管理的"变废为宝"。学校建设湿垃圾回收处理装置现场教学点，作为劳动教育实践环节的重要一环，帮助学生了解并参与垃圾分类新时尚的同时，激发学生投身技术实践改善校园管理的热情。

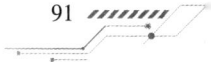

④ 在"爱绿护绿"相关课程融合建设中，学校建设了"程园"果树林、"程园"绿雕建设、花坛花境、桂花园等，引导学生参与校园绿化整体布局和实施建设，号召并引领更多学生投入全民义务植树热潮，活动获评上海市十佳案例。校园绿化做到乔、灌、花、草相互搭配、相互衬托，做到四季成绿、四季见花，特色景观和网红亮点相结合，景观效果突出。同时，以花草树木做老师，讲好生态文明建设的故事，学校通过香樟树的变迁，给学生讲述学校发展和树木树人之间的道理，也引导学生爱护校园环境，以绿色校园为荣。

以深度融合绿色低碳理念的劳动教育课程建设为契机，学校营造了人人参与的绿色校园建设氛围，荣获全国节约型公共机构示范单位、上海市节约用水示范学校、上海市花园单位、上海市绿色学校、上海市学生公寓"六T"实务现场管理五星级楼等荣誉称号。在这些荣誉的考评体系中，对于学生参与生态文明建设的具体实践和实践育人效果有着明确的指标。取得上述荣誉，正是学校响应生态文明建设号召，推动融入劳动教育理念实践育人体系的直接应用成效。

（2）课程建设与校园管理服务深度融合

学校倡导劳动教育课程建设与校园管理服务深度融合，形成了以下三方面的实践成果：

① 劳动教育与专业建设深度融合

学校多部门、多学院联合推动学生的毕业论文、毕业设计选题与校园劳动教育场景实际相结合，一批学生在学院和后勤的共同指导下完成研究，成果反映学校生态文明建设及劳动教育实践发展，如垃圾分类回收优化分析、宿舍楼浴室优化分析等选题，都是紧扣校园节能减排的重要热点话题，也体现了教育成果的丰富化、理论化、专业化。例如，与设计专业联动设计劳动教育文创产品，与环境相关专业联动设计垃圾分类教育内容等。通过与专业建设深度融合的引导，越来越多的学生科研创新成果应用于校园劳动工具的改造和教育载体的迭代中，"除草机器人、水果采摘机、自动垃圾分类桶"等应运而生，同学们的创造发明广泛应用于校园劳动场景，检验科研成果的同时，推动更多工科学生用专业的力量提升劳动效能。这些实践成果不仅树立了学生的主人翁意识，也提升了学生的劳动参与感。完成设计、制作后，学校还和学生一起开展研究成果的展示宣传活动，让更多人参与完善方案，研究成果直接反哺校园建设。

②后勤人力资源开发和劳动教育育人队伍培养

后勤管理和工作人员是劳动教育的一支重要力量，但在实际工作中，往往只是将他们当做劳动教育的辅助力量，忽视了发挥他们言传身教、系统教育参与性的考量。事实上，后勤人员中，包括一线劳动者在内，不乏具备课程教学潜质的人才，而且由最接近学生日常生活的后勤工作者来讲授劳动教育知识，育人效果更明显。

学校注意到了这一点，在劳动教育课程建设过程中，逐步推动对后勤在编、外聘员工的人事制度改革，通过"走出去、请进来"的培训机制和职业目标规划手段，"唤醒"后勤员工自身育人意识，推进后勤员工人力资源依据岗位特性和育人属性的二次开发，推动以科学考评和奖惩机制有效"激活"员工育人行为的主动性，推行员工晋级、

评优、收入分配与育人成效挂钩，树立后勤员工"不上讲台的好老师"的形象。

学校推出"后勤人"专栏，宣传在学校后勤保障服务一线的优秀员工，他们都是默默无闻服务师生"医、食、住、行"的劳动者，有宿舍管理的宿管阿姨、有食堂面点师傅、有绿化养护的工人师傅、有设备保障技术人员、有防疫一线的医务人员、有保障清洁的保洁员工等，他们用朴素的语言讲好后勤人的故事，在平凡的岗位树立典型模范，这种榜样的力量也是劳动教育育人的生动案例。

加大后勤全员服务育人投入力度，通过"比学赶超"，评选"后勤服务育人示范岗"和"后勤服务育人岗位明星"，定期组织开展后勤员工服务技能大赛，通过学生现场评价和网络满意度调研，在进一步提升服务质量的同时提高服务育人水平。举办"后勤校园集中服务日""24小时日常服务岗"与"网络服务平台"相结合的线上线下服务综合体系，行政负责人带头公布联系方式，带头回复并解决日常投诉和意见。严格执行宿舍、食堂"六T"规范管理，将即知即改事项固化为管理制度。加大后勤信息化建设力度，加强研判并设计管理过程的可追溯体系、外包单位监管体系。

此外，学校成立后勤劳动教育研究工作组，邀请全国范围内长期开展高校后勤育人建设的专家学者定期建言献策，结合学校后勤实际情况，积极组织申报相关研究课题，重点加强育人载体、形式、成效研究，探索区块链技术、人工智能技术等新热点的融合研究。加强与工业工程等有关专业的联动研究，鼓励师生将后勤工作中的难点、堵点问题设计为毕业论文和课题研究选题，实现科研育人与服务育人的双协同。着力推动以上优质研究成果转化为制度化、可持续、有学校特色的后勤劳动教育理论体系和实践操作指南。

③ 学生自我管理和领导力的提升

如何将劳动教育融入学生日常校园生活中，学校的"社区网格化管理"成为新思路。学校后勤部门与学工部、研工部、保卫处等部门一起，组建以学生公寓为单元点、多点联动的网格化自治管理体系，成立"程园学生业委会""学生社区寻访队"，组织、培训学生网格员，积极参与学生社区服务诉求反馈、便民服务、文化建设、交流互助、应急处置等环节，引导学生广泛参与后勤各环节建设的质量监督、体系完善、服务提升过程，增强学生自我管理、自我服务意识，让劳动教育成为自我领导力提升的重要推动力。

疫情防控期间，学校在做好师生防护工作的前提下，邀请留校学生亲身体验疫情防控期间劳动者的光荣和奉献。在接受疫情防控和服务保障统一培训后，留校学生有序参与宿舍区域、食堂区域、教学区域的清洁消毒，防疫物资清点发放，防疫标识张贴，防护流程检验等岗位工作中。同学们切身体会到后勤劳动者的不易，也增进了对员工的理解。

（3）课程建设与数智技术应用深度融合

步入数智时代，学校在劳动教育课程建设中更注重数智理念和数智技术的深度融合。

针对许多学生动手能力不强，生活技能欠缺的现状，学校开发了

一批面向学生的劳动教育线上微课程——"生活技能大课堂"。宿管阿姨、食堂大叔、门诊医生、保洁员工、绿化工人化身为网红主播，在镜头前传授实用技能，"疫情防控期间个人卫生护理""垃圾分类小常识""节能减排小妙招""传统点心制作""服装洗涤与护理""小家电保养维修"等主题受到同学们的欢迎。风趣幽默的形式和网络学习的互动性让劳动教育更接地气、更具人气。

随着大数据时代的到来，数据驱动的教学将成为未来教学的发展方向。学校IClass"爱课堂"研发团队顺应数字化教学的形势倾力推出新版的IClass智慧课堂。作为一个集课堂教学、资源分享、数据分析、推荐系统四位一体的智慧课堂系统，以个性化的课堂教学、便捷化的资源分享、可视化的数据分析、智能化的推荐系统，为广大师生用户的课堂教学和课后追踪提供了有力的支持。IClass是课堂教学改革的具体实践，是课堂革命从信息化向智能化迈进的有益尝试。

该平台打破了传统的"老师单一讲，学生被动听"的教学模式，通过教师精心设计互动题目，将抽答、抢答等环节与互动启发的教学方法融入课堂，实现了"大班上课，小班学习"的教学效果，创造了新型教学关系。平台构建了"课堂互动+问题弹幕+课内外讨论"的多混合互动教学模式，将教师的知识讲授和学生学习掌握知识进行最大化互动，并且实现了课堂签到、班级分组、互动答题、交流反馈、资料共享、数据统计等功能，学生通过手机可以实时参与教学过程。根据不同技术特点，设计多元交互式教学方式，从而可以多维度评价学生在课堂的学习效果，达到个性化教学的目的，推动"人工智能+教育"深度融合，打造智慧课堂教育新环境，助力学校应用型人才培养。这一数智化平台建设也已被运用到学校劳动教育的课程开发和评价中。

数智时代高校劳动教育
课程内容的融合创新

第1节
与学科专业教育的深度融合

高校劳动教育与专业教育融合创新发展是劳动育人的必然结果，教育部《大中小学劳动教育指导纲要（试行）》指出：普通高等学校要"结合学科专业开展生产劳动和服务性劳动"。在数智时代，这种结合不仅要体现在学科专业教育过程中融入劳动教育元素，更需要体现在加强人才培养目标的同频共振，以实现劳动教育价值的最大化，既能提升学生对学科专业视域下劳动技能的认知，又能拓展学生对学科专业深层次的理解。

一、深度融合效果体现

1. 推动全面人才的培养

从传统观点来看，劳动教育和学科专业教育各自具有不同的侧重点，劳动教育注重实践操作能力的培养，而学科专业教育则更强调理论知识的学习，但两者的目标都是培养全面型人才。今天的学科专业教育越来越关注学生实操环节，通过有意识地参与有指向的学科专业领域劳动实践，学生可以将所学专业知识应用于实践中，学科专业教育可以为学生提供系统的学科知识和理论框架，培养他们的创新思维和解决问题的能力。两者深度融合，使得学科实践环节具备劳动育人价值，也促进了劳动教育在日常教学中"生根"，为新时代人才全面培养找到新的落脚点。

2. 促进显性和隐性知识的迁移

学生在实践中应用所学的学科专业知识，可以更好地理解和掌握这些知识，同时也可以将不同学科的知识进行迁移和整合，形成新的认知和解决问题的能力，学科中的隐性知识要素通过劳动教育的具体实践予以有效传递，帮助学生提升非技术能力，更好地适应未来职业需求的变化和挑战。

3. 提升课程教学质量

通过情境化的劳动实践课程和学科专业知识深度融合，教师可以更方便地观察学生的学习掌握情况，也能及时掌握学生的学习需求和能力水平，从而更好地完善和实施教学计划，促进教学质量的提升。

二、跨学科合作

高校劳动教育与学科专业教育的深度融合可以以学科专业的实验教学与实践基地建设为"扎根土壤"。融合方式不能是简单地放在一起，或者"蜻蜓点水"一带而过，而是要精心设计融合的内容、方式和载体。身处数智时代，学校还应鼓励不同专业的学生进行跨学科合作，共同完成复杂的学科专业实践项目，在培养学生团队协作能力的同时，开拓他们在专业知识和技能方面的视野。

1. 结合学科专业特点，制定劳动教育课程目标

如针对计算机科学专业，劳动教育课程可以设置编程、软件开发等方面的实践项目，让学生了解数智时代劳动的变化，并通过解决实际问题来提升数字素养。

2. 加强与专业实习、实训等实践教学环节的结合

这种结合可以让学生在实践中体验劳动的过程和乐趣。如在机械工程专业的劳动教育中，可以结合金工实习、数控机床操作等实践环节，让学生通过亲手操作来掌握专业技能和知识。

3. 引入职业资格证书制度

制度的引入不仅可以帮助学生获得资格证书，而且可以帮助学生学会劳动技能。

4. 数字化工具与技术的利用

利用专业教学中的数字化工具和技术来辅助劳动教育。如使用虚拟现实技术进行专业的模拟操作，或者使用在线平台进行远程协作和学习，帮助学生正确认识并掌握数智时代的智慧劳动技能。

三、课程设计

1. 确定共同的目标和价值观

通过教研工作的专题分析，找到所在学科专业教育与高校劳动教育在课程培养目标和人才培育价值导向上的要素契合点。如园林设计专业与爱绿护绿劳动教育课程的深度融合，并不仅仅是引导学生种几棵树，而是指导学生深入了解生态文明建设的重要意义，并结合专业知识，设计合理的树木种植布局，并在亲自参与树木的种植和养护过程中加强环保意识和团队合作精神。

2. 注重案例教学的相辅相成

通过专业教学的案例拓展和劳动教育的案例承接，让学生在专业融合的劳动教育中产生深层次思考。如艺术设计专业的学生在专业教学中的公共艺术案例分析，仅从几张图片和影像资料的案例来看，很难有更深层次的感性分析，在教育者难以推动专业实践普及化的过程中，劳动教育指向了一条新的路径，比如与社区街道或社会公益组织合作，深入分析当地公共艺术，同时开展艺术设计的创作实践，从课

堂案例到实践案例的过渡和迁移，促进了学生艺术设计能力的提升，又培养了学生实用艺术的观念和为社区服务的社会责任感。

3. 专业导师和劳动教育导师的协同推动

两类导师的协同教学，帮助学生更好地将劳动教育与学科专业教育相结合，也是加强课程思政的有效手段。建议成立联合教研室，定期交流和沟通，共同讨论并确定教学目标，明确劳动教育与学科专业教育的结合点，并围绕这些结合点设计教学内容和方法，开发融合性课程，或是在已有的专业课程中充分融入劳动教育资源和内涵。导师还可以来自行业企业，如大国工匠、劳模等，引导学生在真实的职场环境和社会问题中，发现并解决劳动问题，感悟劳动的魅力，实现个人的成长目标。学校应鼓励专业教师修习劳动教育的理论和教学方法论，也应倡导包括第二课堂活动的师资队伍在内的劳动教育教师拓展专业视野，结合学校学科特色和个人所长，掌握专业技能，更好地为融合课程的开发及实施服务。

与职业生涯教育的深度融合

职业生涯教育是帮助大学生更好地了解自身所在专业及感兴趣职业领域特点，尽早规划职业发展方向，提高职业素养和就业能力而进行的教育活动。作为学生培养的重要环节，职业生涯教育对学生树立正确的就业意识、端正就业心态、掌握必要的求业方法，有着重要的作用，是循序渐进的理念和方法"滴灌"，而不是大四毕业年级的"大水漫灌"。一般来说，大学阶段的职业生涯教育主要包括职业规划指导、职业素养培养、实践体验教育、就业指导服务以及精准化的咨询和帮扶指导。通过系统化的职业生涯教育，学生可以更清晰明了自己的职业兴趣点和基本能力，了解自己所在专业和社会热点行业或自己所喜欢的职业领域的社会价值及发展方向，为未来的职场发展做好心理和能力素养的准备。

一、目前高校职业生涯教育存在的问题

1. 缺乏系统性的职业生涯教育体系规划

一些学校仅把职业生涯教育作为选修课程或是大四毕业年级的"走马观花"式的课程,内容也停留在讲一些宏观政策以及教授如何制作简历,忽视了职业生涯规划是一个长期的过程,需要系统性的课程设计。

2. 缺乏实践性的职业体验

由于缺乏规划,职业生涯教育时间被压缩,内容形式单一,且教育设计者没有找到很好的切入点、结合点,从而重理论知识传授,轻实践体验教育。

3. 缺乏专业师资队伍

一些学校的职业生涯教育课程以若干一毕业即进入高校、没有太多就职经历的辅导员为主讲教师,且缺乏规范的备课环节,教师的职业生涯教育层面的专业素养和教学水平无法满足学生需求,职业生涯教育的质量和学生参与的积极性均受到影响。

二、课程建设思路

从人才培养的目标来看,职业生涯教育与劳动教育均指向学生对真实社会环境的理解以及面向真实岗位的个人能力素养提升。教育部

《大中小学一体化劳动教育指导纲要（试行）》指出高等学校劳动教育学段要求"积累职业经验"，通过参与劳动实践教育，学生可以更深入地了解各种职业和行业的实际工作环境和要求，这有助于他们更好地规划自己的职业生涯。同时，职业生涯规划也需要考虑各种职业和行业的实际要求和发展趋势，这需要学生具备一定的实践能力和职业素养。两者的深度融合可以进一步整合教育资源，提升教育质量。

在数智时代推进劳动教育与职业生涯教育深度融合过程中，应聚焦以下四个方面的课程建设思路：

1. 通过对学生的精准画像提升劳动教育与职业生涯教育融合课程的针对性

为提高融合课程的教学精准性，可以结合数智技术收集学生的基本信息、兴趣爱好、学习特长、职业倾向等数据，其中包括使用霍兰德职业兴趣测试等专业量表。基于数据收集与分析的结果，可以构建学生的精准画像。结合精准画像，可以设计与学生的职业兴趣、学习风格和职业目标相匹配，能够满足他们的实际需求的劳动教育课程。在这过程中，加强收集学生的反馈意见，对课程进行调整和优化。这也给劳动教育课程建设者提出了更高的要求，不仅要有充足的课程选择体量，还要有细分的课程实践体验领域。当然，数智时代的新平台、新技术可以通过授课资源库建设支持、数据分析支持、教学方式优化支持等处理这些问题。

2. 对职业素养与劳动素养的课程内容进行一体化设计

数智时代对从业者的职业素养和职业道德也提出了更高的要求。劳动教育与职业生涯教育的深度融合要将原先不同维度的职业素养与劳动素养相统一，在教学内容和教育形式上相融合，在劳动教育中感受职业成就感，在职业教育中磨砺劳动品质。在劳动教育课程中加入相关专业背景的职业技能教育内容，比如结合劳动实践开设职业道德、职业礼仪等课程，同时在职业教育中也适当体现劳动教育的内容。在实践环节，以劳动实践项目为载体，以职业相关活动为子任务，通过项目教学的形式融合职业教育与劳动教育，让学生在实习、实训、志愿服务中，能够亲身体验和感受各种职业的实际操作和要求。

3. 产教深度融合扩充校外优质职业教育师资力量参与劳动教育课程建设

面对职业生涯教育教师队伍不充足、不均衡的问题，学校要加强沟通和合作，鼓励校外力量充实到劳动教育课程建设中来，进一步深化产教融合，构建多元协同育人平台。比如可以邀请企业人力资源专家等来充实，通过人力资源管理的视角帮助学生更好地了解社会需求和职业要求，也能提供劳动市场的宏观政策指导，帮助学生理解政府政策如何影响劳动市场，以及这些政策如何影响他们的职业选择和发展。通过企业人力资源专家的力量，面向社会、产业需求，对学生进行宏观政策指导，从而可以帮助学生从宏观角度看待自己的职业发展，使他们的职业规划更加符合社会的实际需求。

4. 劳动实践教育与职业体验教育的贯穿融合

职业体验活动是培养学生职业兴趣和职业技能的有效途径，通过在真实的工作情景或工作岗位进行劳动实践和职业探索，学生可以发现自己对某些职业有特别的兴趣和天赋，正确地认识职业和专业，从而能做好职业规划。职业体验本身也是劳动教育的一种形式，在职业体验活动中，学生不仅可以亲身感受劳动的过程，更可以体验到劳动所带来的成就感。这种成就感并不仅仅是完成任务后的满足感，更多的是对自己所付出的努力和实际成果的肯定。同时，在体验过程中，学生还可以学习到一些实用的职业技能，认识不同领域的职场人士，拓宽人脉，增长见识。长期的职业体验教育，如合作教育、专业实习等，还能推动工作场所隐性知识的富集和传递，使学生更好地掌握行业知识与技能，提高学生的就业竞争力。

第3节
与创新创业教育的深度融合

　　在高校劳动教育课程建设过程中，如何推动并实现与创新创业教育深度融合，已成为高等教育研究领域持续关注的热点话题。这种深度融合之所以备受推崇，不仅在于其内在逻辑的必然性，更在于其为劳动教育课程具象化建设提供了一条优选路径。一方面，创新创业教育与劳动教育在理念和目标上具有高度的一致性。创新创业教育旨在培养学生的创新思维、创业意识和创业能力，而劳动教育则强调通过实践劳动培养学生的劳动观念、劳动技能和劳动习惯。两者都致力于培养学生的实践能力和创新精神，因此深度融合是符合逻辑的必然选择。另一方面，数智时代的到来为创新创业教育与劳动教育的深度融合提供了新的契机。在数智时代，技术革新日新月异，创新创业能力培育与技术革新紧密相连。高等教育数字化改革浪潮的奔涌前进，为创新创业教育与劳动教育的深度融合注入了新的内涵。通过将最新的科技手段和创新创业理念融入劳动教育课程，可以帮助学生更好地掌握双创技能，提升综合素质。

一、实际课程设计中的问题

1. 两者"硬结合"使得学生接受度降低，教育效果不明显

为了达到政策要求，一些课程的设计过程中"拿来"创新创业理论，生搬硬套，或是仅把基础的创新实践实训课程等同于劳动教育课程，从具体表象来看，把实践活动单纯理解为劳动活动也有道理，但实际上，当劳动教育的内涵与双创教育的内涵不能同频共振时，无法实现知识的有效迁移，对学生而言也只是参与了一次活动，不能达到课程教育的深层次目的。

2. 融合的双创教育课程内容与时代或市场需求脱节

时代进步的同时，创新创业教育内涵也有颠覆性的变化，人工智能与大数据改变了信息获取的方式，机器深度学习等新技术推动了新一轮产业革命，也改变了市场对人才的需求，传统意义上的创新活动无法适应高素质人才队伍的培养转型，更让劳动教育陷入"陈芝麻烂谷子"的旧形式，无法唤起学生的学习兴趣，无法帮助学生跟上时代发展的脉搏。

3. 未能有效识别创业教育与劳动教育融合要素

创业教育并不是让学生都去创业，而是激发一部分学生创业行动力，同时帮助更多的学生提升自我领导力和创业精神，即吃苦耐劳、勇于担当、敢为人先的精神品质，帮助越来越多的学生拓宽职业选择，找到适合自己的职业方向。这些能力品质与劳动教育专业化、职业化的改革方向极为契合，也是两者融合的要素。但一些课程设计过程中未能对此有效识别，以至于课程培养目标流于形式，或是与创业教育的目标相背离。

二、实现创业教育与劳动教育深度融合的举措

1. 课程目标建设要"精打细算"

课程目标是课程所要达到的结果，是课程计划的重要组成部分，是评价课程有效性的出发点和归宿。在设定课程目标时要融合创业教育与劳动教育，就应该既包括劳动技能的培养，又要包括创新思维和创业精神的培养。课程目标建设要"精打细算"，这里的"打"是指打造什么样的人，目标是要培养具备自我领导力和双创的必要技能的人才。通过课程学习，帮助学生学会如何从不同角度看待问题，能够提出创新的解决方案，并为未来的职业生涯做好准备。这里的"算"是指算好人才培养投入产出比的合理账，从两者融合的投入成本和目标人才质量评估等多个角度进行考虑和分析，通过准确又客观的数据分析为课程目标建设提供科学依据。此外，在建设过程中也要建立动态

调整机制，根据建设的实际情况进行及时的动态调整，从而确保人才培养的投入产出比始终处于合理水平。

2. 课程内容建设要"虚实结合"

这里的"虚"既指理论教学，也指利用智慧教育手段开展的虚拟教学。这里的"实"指实践教学、行业企业的体验学习。理论知识是实践技能的基础，实践技能是理论知识的应用。数智时代，教学环境拓展至虚拟空间，既要用好教育数字化的新技术，也应设计让学生深入一线实际、了解真实情况的课程环节，或者通过与行业企业合作、邀请企业导师授课等方式，加强课程内容与行业企业需求的联系。值得注意的是，与企业合作开展基于双创教育的劳动教育实践活动，不仅可为学生提供更多的实践机会，还可以进一步推动高校科技成果的转化和应用。

3. 课程载体建设要"平赛结合"

这里的"平"指常规的教学活动，"赛"指大学生创新创业类赛事。大学生双创赛事种类丰富，强调实践和创新。通过参加双创比赛，学生以项目制学习为核心，以赛促学，能有效提升自身综合素质，充分展示创新创业竞赛的育人效果强，这与劳动教育的核心理念高度契合，可以视作劳动教育课程的课外拓展。学生通过参与"挑战杯""互联网+"等双创赛事，能够将课堂上学到的理论知识运用到实际操作中，在比赛中提升劳动技能和实践能力。此外，学生在赛事筹备、作品设计、

产品开发、市场营销等多个环节中体会到劳动的艰辛和乐趣，从而增强自身对劳动的认同感和尊重。更可贵的是，双创赛事还能培养学生的团队协作和沟通能力。在备赛过程中，学生与团队成员自主探索、积极攻克双创比赛中的各种难关，通过团队的紧密合作提升学生的自我教育、自我管理和自我服务能力，在团队竞赛的对抗中更好地理解人生价值、调节自身情绪、提升进取精神和抗挫折能力。这些都将帮助学生更好地适应未来的工作环境，提升职业素养。

一些双创赛事直面职业的真实情境，涉及产品的生产流程，关注市场的实际需求，有助于培养学生的创业意识和风险防控能力，有助于学生在未来的职业生涯中更好地把握机会，实现个人价值。当然，在这过程中，教育者需要注意对赛事的劳动意义和双创意义的引导性培育，虽然一些学生社团组织和赛事活动大多由学生自主发起，并组建团队，披荆斩棘，但指导教师不能任由学生"野蛮生长"，要提供必要的指导和支持，与学生团队一起讨论并设定明确的、有可行性和可衡量性的目标和期望，帮助激发学生的积极性和内驱动力，实现劳动教育与双创教育深度融合课程活动的目标和愿景。

第4节
与法治宣传教育的深度融合

　　高校劳动教育与法治宣传教育一体化建设不仅是高等教育阶段劳动教育课程改革的需要，也是构建法治宣传教育体系新着力点的必由之路。两者不仅在教育目标上互补，而且在教育方式上共通，深度融合既能帮助学生增强劳动观念，还可加强学生在劳动过程中的法治意识和法律素养，强化学生面对社会劳动变革的应对能力以及职场适应能力。

　　今天的大学生在择业和就业过程中，不仅要了解必要的劳动法律知识，更要养成遵守法律法规、维护自身权益的意识。传统的劳动法律教育往往局限于课堂讲授，通过解析《劳动法》等法律及规章的内容，让学生了解劳动法律的基本框架和规定。然而，在数智时代，仅仅掌握这些基础知识已经不足以应对现实生活中的复杂问题。劳动者不仅需要知法、守法，更需要具备运用法律知识解决实际问题的能力。

一、劳动法治思维

数智时代的劳动关系、劳动方式发生了重要变化，面对新形势、新环境，大学生更需要增强面向人工智能领域的劳动法治思维。主要包括以下三个方面：

1. 数据保护、隐私权和知识产权方面的法律法规要求

数智时代，数据已成为重要的劳动生产要素，但是在数据开放和共享的大趋势下，需要我们关注深层次的数据伦理和数据治理问题。大学生需要了解并遵守数据保护、知识产权方面的法律规定，懂得尊重他人的创新劳动成果，增强个人的数据保护意识，并学会保护自己的知识产权。

2. 人工智能伦理方面的意识

新时期的劳动环境正向人工智能场景转变，人工智能技术应用于工业，解放了人的体力和部分脑力劳动，在推进社会进步的同时，也带来了对法治与伦理的消极性破坏。大学生要学会思考如何在应用人工智能技术的同时遵循相关伦理原则，确保技术的合理使用不违背劳动的本源，不损害人类利益和社会公序良俗，尽可能消除人工智能的法律与伦理意识形态问题的负面因素，使人工智能技术更好地为人类服务。

3. 人工智能技术应用于劳动过程的法律要求

人工智能技术在带来变革性的转型时也会产生新的法律风险。大

学生需要了解并掌握数智新技术在劳动应用场景中如何正确使用的规定，要自律先行遵守国家有关规定，确保在使用这些技术时符合法律要求，保障自己和其他劳动者的权益和安全。

以上的劳动法治思维需要体现在劳动教育融合法治宣传教育的课程培养目标建设过程中。

二、具体实施方法

1. 制定综合性的教育计划

通过广泛调研，找准大学生法治意识和法治思维的薄弱点，找到教学重点，如劳动法律法规、知识成果转移转化等领域，通过将劳动教育和法治宣传教育的内容和目标结合起来，提升课程教育实效。

2. 广泛开展实践教学活动

通过组织实践教学活动，如劳动仲裁模拟法庭、劳动者法律诊所、社区劳动服务案例分析等，让学生在劳动实践中学习和运用法律知识，培养他们的法律素养和解决问题的能力。

3. 加强劳动法治融合的校园文化建设

高校可以通过举办劳动节义务普法活动、劳动者法治日宣传活动等主题活动，融合性宣传劳动精神和法治精神，营造尊重劳动、崇尚法治的校园氛围。

第 **7** 章
CHAPTERS

数智时代高校劳动教育
课程建设的保障机制

第 1 节
师资队伍建设

师资队伍建设是高校劳动教育课程建设的首要保障，也是劳动教育在数智时代发展变革质量的重要表征。从现有的劳动教育课程教师队伍来看，绝大多数学校以马克思主义学院的理论教师、学生工作辅导员、共青团干部等为主，也有一些文科类、师范类院校以学科建设为平台，选拔了部分拥有教育学学科背景的教师加入教学团队。一些学校开设了劳动教育专业，为输送劳动教育师资队伍力量提供了有利条件。

但是，面对高质量发展时期的高校劳动教育，面向普及化劳动教育课程建设目标，以上的师资队伍力量仍存在几方面的问题：一是理论教育与实践教育环节师资从形式上是分割的，容易造成理论与实践教学不是融合的，而是有明显分层的；二是师资力量存在专业度不够、未接受教学规范性训练的问题，尤其是一些学生工作辅导员、共青团干部缺少对教学方法的掌握和有效运用能力，课堂流于形式或者忽视实践教学中理论的穿插和课程思政的有效融入，影响了教学质量；三是教学理念未能与时俱进，数智化手段的运用能力欠缺。一些人认为劳动教育是辅助性课程，不需要花大力气备课，或者认为劳动教育课程只是应付完成任务，不用重视内涵设计。

针对以上问题，数智时代高校劳动教育课程师资队伍建设要关注以下三个方面：

1. 持续推动教育规范性培训，做大校内后备劳动教育师资库

教师教学生之前，自己要对劳动教育的重要意义有深刻认知，学校要做好教师培训规划，而不是为了完成劳动教育课时任务"拉郎配"。对有劳动教育课程建设热情，但缺乏教学能力和教学规范性培训的思政教育工作者等，教务部门要开展专题培训，提升其教学能力，而不是"放任不管"。此外，学校还应引入后勤、安保等部门的力量，选拔其中的优秀典型，开展教学实践规范的培训，纳入到一体化的师资队伍建设库中。

2. 推动劳动教育师资对人工智能和大数据技术的掌握

推动教师了解并掌握数智化技术新知识，并能运用新知识识别学生的需求，解决教学中的问题，实现科学合理的教学评估。

3. 加强校外产教融合师资队伍的融入，推动校内劳动教育师资"双师型"建设

以产教深度融合为依托，开展引企进校、校企同备课等教学活动，既可以聘用一部分有劳动技能和授课能力的校外工匠、劳模、行业企业专家作为校外劳动教育兼职教师，这些人员也能在一同备课、一同设计教材、一同开发教案的过程中，帮助校内教师能力视野提高，提升劳动教育课程教学质量。此外，积极引导鼓励校内教师去企业挂职或者考取职业资格证书、技能证书等，努力成为"双师型"人才，推动更充分的高质量校内外师资队伍建设。

第 2 节

智慧校园建设

对数智时代的高校劳动教育课程建设而言，加强智慧校园建设是重要的底层逻辑，也是实现高质量劳动教育的重要保障。从技术层面来看，大数据与人工智能技术加快了教学改革的进程，也推动了劳动教育的智慧化、数字化转向。从建设内容来看，智慧校园包括教学理念的转变、教学技术的升级、教学方法的优化和教学质量的把控。

一、转变教学理念

数智时代的智慧校园建设强调以学生为中心，要求教育工作者根据学生的兴趣、能力和需求，开发个性化的教学方案。对劳动教育而言，要减少课程建设铺得太开而"打统战"，要在实现总体育人目标的同时，设计"细分人群"特定培养目标的达成路径。教育工作者要明确：智慧校园建设不仅是信息化部门的技术活，也并非使用一些智慧

工具，而是要通过大数据分析和人工智能技术在课程教学中的充分运用和融会贯通，提高学生的学习效果。

　　智慧校园建设还意味着要将网络学习、移动学习的理念贯穿始终，通过在线课程、微课程等数字化的教学资源，帮助学生在任何时间、任何地点进行学习，且将劳动教育的学习与专业能力提升、职业发展、未来规划结合在一起，同时智慧教育的线上课程还面向学生的终身学习，使他们即使步入职场也能常常"温故而知新"。

二、加强教学技术的升级

　　智慧校园建设需要建立完善的信息化基础设施，包括校园内的高速网络、云计算平台、大数据存储空间等，为数字化教学资源和服务的高效运行提供技术保障。此外，学校要善于利用物联网、人工智能等技术，打造具备智能化水平高、互动性功能强的智慧教室，推动教学环境的智能化管理。通过引入虚拟现实（VR）、增强现实（AR）等技术，让学生在模拟的实际场景中进行实践操作，提升劳动技能和创新精神。这样既可以解决劳动空间和场地问题，又能引发学生参与数智化智慧劳动场景学习的热情。

三、要加强教学质量的把控

　　智慧校园建设目的是与时代发展同步的同时，进一步改善教学效果，提升教学质量。学校要通过教学模态数据采集，课程人工智能跟踪分析，课后学习效果的实时检验，建立起科学、客观的评价体系，对学生的学习成果进行全方位、多维度的评价。其中，智能学习跟踪系统可以实时监控学生线上学习行为，如学习时间、进度、互动次数等，通过人工智能帮助每位学生生成学习画像，并作为教育工作者提供针对性指导的参考依据。在劳动教育实践教学过程中，可以通过情感识别功能的设备采集学生的状态、表情、感情变化，及时了解学生实践中的困惑、厌烦、专注等，帮助教育工作者及时调整教学方案，提高教学质量。

学校还应通过开发更多的智慧校园技术，加快劳动教育教学改革的进程。

协同资源建设

要提高高校劳动教育课程质量，还应加强协同资源建设。这里的协同资源既包括校内资源，如各部门的协同联动、各学院的共同参与，也包括校外资源，如政府部门、行业企业等。协同的效果从近期看是课程质量的显著提升，从长远看是出口端人才培养质量，尤其是劳动教育关注的核心素养的全面提升。

从宏观视角来看，劳动教育课程建设与校内外的资源呈现三螺旋结构：学校、行业企业和社会（政府部门、社会组织、家庭等）三方面相互交织、相互影响，通过资源有效配置，共同推动劳动教育课程的合理建设与可持续发展。其中，学校作为劳动教育课程建设的核心，通过制定课程计划、提供教学资源、培训教师等方式，为劳动教育课程的实施提供有力保障；行业企业作为劳动教育课程建设的重要伙伴，为学生提供真实的职业场景和实践机会，并与学校共同开发实践项目、编制课程方案、提供实训基地、参与质量评价；社会作为劳动教育课程建设的外部环境，为学校和企业提供政策支持和其他资源保障。其中政府通过制定相关政策、建立大合作平台，将学校与行业企业之间的手牵得更紧密；家庭作为学生劳动教育的重要场域，通过家校合作形式丰富劳动教育育人场景；社会组织为劳动教育提供更多补充式的服务平台和劳动服务机会，培育学生的社会责任感。

协同资源建设过程中往往存在三方面的问题：一是协同主体不清晰，协同任务不明确，影响协同效率，或是协同双方未能经过认真思考和合理规划，推出了不可持续的"应景之作"；二是资源配给不科学，校内外资源没有得到充分利用，导致资源浪费和重复建设，影响劳动教育的效果；三是政策导向不明确，或是缺乏相关新政策的支持保障，未能均衡考虑协同各方的利益点，使得合作浮于表面、难以深入。

以上这些都是各协同方需要共同解决的，统一思想、明确任务、厘清界限、拓展合作面是解决的思路。高校需要引入价值共创的思路，建立有效的协同沟通机制，通过各方共同讨论和协商，明确劳动教育的核心价值和目标，明确各自在劳动教育资源配置中的具体任务和责任，明确课程建设过程中包括知识产权归属等方面的问题，通过制定合规合理的合作协议和规章制度，避免可能的纠纷和冲突，让校外协同力量的投入更为安心。还应以行业企业专业建设、导师聘任、人才输出等需求为切入点，找到各方的利益平衡点，同时联动政府部门、社会组织等，形成互补性合作伙伴关系，提高劳动教育课程的社会影响力和认可度，实现协同和带动效应，创造各方共赢的局面。

第**8**章
CHAPTERS

数智时代高校劳动教育
课程评价体系的构建

构建原则

构建科学、合理、全面的评价体系是高校劳动教育课程建设质量提升的关键。

一、体系建设难点

1. 评价标准制定难

劳动教育课程内容涉及心理学、管理学、教育学等多个知识领域，如与专业建设相结合，则知识拓展面更广。此外，劳动实践教育活动往往"五花八门"，生产劳动、园艺劳动、数字劳动等不同形式和样态的评价标准不一，教育者难以制定统一、科学的评价标准。基于以上多种类型的教育活动，劳动教育成果形式也种类繁多，如书面作业、实践报告、作品设计和纯粹的体力劳动等，这都给评价标准的制定带来了一定的困难。

2. 评价数据采集难

劳动教育课程评价需要采集大量的数据，然而技能、创新力、合作度等隐性知识层面的数据往往难以量化，且采集过程繁琐，需要耗费大量的人力和物力。

3. 评价结果应用难

劳动教育课程评价的目的之一在于改进教学质量，促进学生深度参与和学习。然而，缺乏专业的评价人员和评价工具等问题，会导致评价工作难以开展，进而影响评价结果的及时反馈，造成评价结果无法应用或是无法深入应用。

二、体系构建原则

数智时代的课程评价体系在评价方法和指标权重设计上有新的侧重点：既要关注Z时代学生的学习习惯和知识获得途径，也要结合新技术，实现精准评价，还应结合多种评价方式，以期全面地绘制劳动教育课程效果和学生知识掌握程度、成长情况的立体化画像。具体而言，评价体系构建应具备以下五方面的原则：

1. 综合性与个性化相统一原则

既要综合考虑劳动教育课程中学生在知识、技能、情感、态度和

价值观等方面的成长与收获，也要针对不同学生的特点和需求，为每个学生制定符合其个性化发展的劳动教育课程和评价方案，促进学生的全面发展。

2. 智能化与人性化相统一原则

教育者要善于利用人工智能、大数据等数智技术手段提高评价的准确性和效率，实时收集、分析和反馈学生的劳动数据和表现情况，实现对学生劳动过程和成果的智能化评价。同时，也要关注人性化的评价方式，对无法实现人工智能场景的劳动教育活动，要有符合常规的评价方式，以确保评价的公平性和全面性。

3. 过程性与结果性相统一原则

教育者要注重对学生劳动过程的评价，重点要关注学生的参与情况以及劳动过程中的表现和发展，通过过程评价激发学生的内驱动力，让学生时时感受到劳动的成就感，激发他们深度参与的积极性。同时，教育者要注重结果性评价，关注劳动教育课程结束后的教学目标达成度。

4. 多元性与开放性相统一原则

教育者要采用包括自评、互评、教师评价等在内的多元化评价方式，通过360度多元评价的方法，更全面地了解学生在劳动教育课程中的表现和成长，并通过评价结果的及时反馈促进学生的自我认知和自我发展。同时，教育者还应构建开放性的评价体系，鼓励学生参与评价过程，发挥学生的主体性和能动性，促进学生的自我反思和自我提升。

5. 及时性与增益性相统一原则

教育者应在评价结束后，及时给予学生反馈，帮助学生树立正确的劳动观念。学校也要及时向教师反馈教学情况，让教师了解课程的问题和学生的期待，并据此进行调整和改进。同时，学校也要建立面对学生的增益性评价体系，让学生在贯穿大学全过程的劳动教育课程的不同阶段中，正视自己的成长和不足，促进学生的自我完善，激发劳动教育向善向美的特质。

构建方法

总体而言，数智时代高校劳动教育课程评价体系的构建方法可分为确定评价目标、明确评价标准、选择评价模型、制定评价方案、收集分析数据、实施评价方案、反馈评价结果、制定改进策略、形成持续机制等环节。

一、构建条件

1.结合劳动教育课程目标设置评价标准

标准应具备可衡量性和可操作性，既要因地制宜、因校制宜、因人制宜设置评价标准，也要定期修订评价标准，确保标准的时效性和有效性。

2. 高质量使用各种数智化评价工具和手段

注重多样的可视化评价呈现形式的设计与开发，在具体评价实践中，在线学习平台与移动评价APP等载体均可为学生的学习轨迹和成果的记录、实时评价和评价反馈等提供便利，数智化的评价工具既能提高评价工作的效率和准确性，也能增强学生对劳动教育课程的参与度和体验感。此外，以"用户思维"为指导，开展评价结果呈现形式的优化，进一步提升评价结果的可阅读性、可使用性。在这一方面，共青团中央推出的高校第二课堂成绩单制度的实施过程中，各高校围绕人才培养改革要点，设计了多种形式的成绩单样式，便于使用者更直观地了解学生的第二课堂参与情况，也为劳动教育的课程评价呈现形式提供有利参考。

3. 选择科学合理的评价模型

教育者应该根据所收集和分析的相关特点，选用合适的评价模型，并据此制定具体的评价方案。在评价模型的选用中，应注意面对不同评价对象所采用的评价模型也各不相同，就劳动教育课程而言，不同年级、不同专业、不同融合内容的课程评价体系各有不同，要有精准化的设计，而非"以一当十"的统一范本。在选择的过程中，还应重点考虑评价模型是否具备便利的实施条件，评估其应用的时间成本、经济成本和实现的技术难度等，以减少人力物力精力的损耗。

4. 实施评价过程应确保公正公平

对评价中发生的偏差和误读进行及时修正。高校不仅要对评价人员开展相关的评价技术和评价工具的培训，还应开展评价标准和指标体系的解读工作，让评价者知道为什么评价、怎么评价、如何避免评价过程中的误区等。此外，高校还应建立评价监督和复核机制，以确保评价的公正性和准确性。在评价过程中，评价者应提前与评价相关方沟通并介绍评价的目的、方法、结果应用，有助于建立双方对评价工作的信任和理解，也能争取学生理解并积极参与评价完成后的整改环节。

二、评价模型

CIPP模型是一种较适合劳动教育课程评价的经典模型。CIPP模型由美国教育家斯塔弗尔比姆设计并推出。CIPP评价模型包括四个主要阶段：背景评价、输入评价、过程评价和成果评价。总体而言，CIPP评价模型考虑到影响课程建设的绝大多数方面，并可结合诊断性评价、形成性评价、总结性评价，为教育者提供更具参考价值的信息，推动课程建设方案顺利达到预定目标。

在数智时代，高校劳动教育课程的CIPP评价模型基本构建思路如下：

1. 背景评价（Context）

背景评价阶段主要对高校劳动教育课程的建设政策背景、建设需求、建设目标和建设资源进行评价，重点包括学生对劳动教育课程的实际需求、所设课程目标是否与学生需求相吻合、学校提供的教学资源是否与课程建设需求相匹配、行业企业等是否提供可持续资源等。通过这一过程的评价，评价者可以观察所评价劳动教育课程的可行性。

2. 输入评价（Input）

这一阶段主要对劳动教育课程的教学计划、教学内容和教学方法进行评价，重点包括课程计划是否完善、教学内容是否符合数智时代特点、是否具有教学针对性、是否与学生学习风格和需求相适应等。

3. 过程评价（Process）

这一阶段主要对劳动教育课程的教学过程进行评价，重点包括学生在课程中的参与情况、技能掌握情况、能力提升情况等。同时，评价者还应对教师在教学过程中的表现做出合理评价，通过教学效果的反馈，对课程教学环节进行及时的调整和优化。

4. 成果评价（Product）

这一阶段主要对劳动教育课程的实施成果进行评价，重点包括学生在课程结束后的技能水平是否达成、态度和价值观是否变化等，也要关注课程建设对学校立德树人整体工作的贡献度，以及对社会服务的正面影响力。

通过CIPP评价模型，教育者可以全面了解高校劳动教育课程的质

量和效果，为课程的持续改进和优化提供有力的支持和指导。此外，CIPP评价模型在高校劳动教育课程评价过程中的优点还在于相较其他模型能更全面地构建课程评价体系，能对课程问题及时诊断并便于灵活改进，反馈结果有助于推动课程创新。

参考文献

［1］［苏］B.A.苏霍姆林斯基.苏霍姆林斯基.论劳动教育［M］.萧勇，杜殿坤，译.北京:教育科学出版社，2023.

［2］柳友荣.新时代大学生劳动教育［M］.北京:高等教育出版社，2021.

［3］班建武.新时期劳动教育理论体系建构研究［M］.杭州:浙江教育出版社，2022.

［4］刘向兵等.新时代高校劳动教育论纲［M］.北京:社会科学文献出版社，2019.

［5］［苏］约瑟夫·E.奥恩.教育的未来:人工智能时代的教育变革［M］.李海燕，王秦辉，译.北京:机械工业出版社，2018.

［6］［苏］泰勒.课程与教学的基本原理［M］.施良方，译.瞿葆奎，校.北京:人民教育出版社，1997.

［7］李鸣华.人工智能及其教育应用［M］.北京:科学出版社，2008.

［8］何克抗，吴娟.信息技术与课程整合——信息技术与课程深度融合的理论与实践(第2版)［M］.北京:高等教育出版社，2019.

后　记

　　本书是对数智时代高校劳动教育课程建设的一次较为全面深入的探索，旨在为推动高校劳动教育的改革与发展提供新的思路和方法。

　　在写作过程中，作者融入了作为上海工程技术大学一名教育研究者和教育管理工作者，多年躬耕劳动教育课程建设一线的实践和探索，以及对高等教育研究始终如一的热情。在研究过程中，作者深切感受到数智时代对高等教育的深远影响，以及对传统高校劳动教育教学模式的巨大挑战。由于数智时代技术发展的日新月异，本书的研究只是一个起点，未来还有更多的工作需要完成。期待更多的教育工作者和研究者加入这个研究领域，共同推动高校劳动教育的改革与创新，为培养新时代的高质量人才贡献智慧和力量。

　　非常感谢在本书写作和出版过程中，给予指导和帮助的专家及学者们，同时也向耕耘在高校劳动教育教学战线的前辈和同仁们表示由衷的敬意！

著者

2024 年 3 月